# *Conexiones* ESPIRITUALES

# Títulos de temas relacionados de Hay House

♛ ♛ ♛

(760) 431-7695 o (800) 654-5126

(760) 431-6948 (fax) o (800) 650-5115 (fax)

Hay House USA: **www.hayhouse.com**®

# Conexiones ESPIRITUALES

Cómo encontrar
la espiritualidad a través
de todas las relaciones
en su vida

# SYLVIA BROWNE

**HAY HOUSE, INC.**
Carlsbad, California • New York City
London • Sydney • Johannesburg
Vancouver • Hong Kong • New Delhi

Derechos de autor © 2007 por Sylvia Browne

**Publicado y distribuido en los Estados Unidos por:** Hay House, Inc., P.O. Box 5100, Carlsbad, CA 92018-5100 USA • (760) 431-7695 o al (800) 654-5126 • (760) 431-6948 (fax) o al (800) 650-5115 (fax) • www.hayhouse.com®

*Editado por:* Jill Kramer • *Diseño:* Jen Kennedy
*Traducido por:* Liliana García y Adriana Miniño:
 **adriana@mincor.net**

ISBN: 978-1-4019-1837-8

**Impresión #1:** Abril 2009

Impreso en los Estados Unidos

*A Gina y Nancy y mis preciosos nietos;*

*a quienes amo, he amado y amaré;*

*y a todos aquellos que me han correspondido.*

*Dios los bendiga a todos.*

# CONTENIDO

# INTRODUCCIÓN

Se han escrito muchos libros de autoayuda para las relaciones a través de los años, sobre temas que van desde "cómo tener una mejor vida sexual" hasta "cómo conservar su matrimonio" e incluso "cómo lograr un divorcio amistoso". Sin embargo, no he visto un solo ejemplar sobre cómo tener una relación espiritual con las distintas personas en nuestras vidas. Tampoco he visto ninguno que se enfoque en nuestras vidas desde el punto de vista de los procesos de aprendizaje trazados en nuestro plan de vida. Por consiguiente, en *Conexiones Espirituales,* he elegido incluir algunas de mis experiencias personales, mis años de lecturas y cómo los temas de nuestra vida determinan los tipos de relaciones que tenemos.

Conocemos una infinidad de personas en la vida (o en varias vidas), y este libro le explicará cómo cada una de ellas tiene un efecto en su existencia. Verá, cuando escribió su plan antes de venir a esta vida, documentó cada detalle acerca de cada encuentro... sin importar cuán efímero, irritante o dañino pudiera parecer. En este libro, le llevaré a través de cada relación, comenzando con la familia, los amigos y amantes, hasta los enemigos,

los compañeros de trabajo, de la escuela y aún con Dios, lo que crea una escalinata hacia su desarrollo. Le aseguro que jamás verá a los demás (ni a la vida) de la misma manera.

Sí, existen aquellos que pondrán a prueba su paciencia, pero las lecciones que le otorgan en realidad aligeran su camino, haciéndole más fácil sobrellevar su vida y llegar al Más Allá. Cada individuo con el que se encuentra es como una piedra angular... la manera en cómo usted lo trate a él o a ella es lo que determina su avance. Incluso he mencionado en mis conferencias que la gente nos puede producir malestar o hacernos sentir bien... pero que siempre podemos aprender algo.

En las páginas siguientes, aclararé la manera cómo se está conectando espiritualmente con todas y cada una de las personas que conoce. En la primera parte, tocaré el tema de todas las relaciones que la mayoría de nosotros tenemos, para que pueda apreciar con cuántas almas se está relacionando a diario. (Y le ofreceré algunos consejos que he obtenido a lo largo de los años, que le podrían ser de utilidad para lidiar con estas personas.) Y en la segunda parte, detallaré los temas de nuestra vida que cada uno posee, a fin de ayudarle a comprender por qué algunas relaciones han sido grandiosas mientras que otras no.

Así que manos a la obra, dé el primer paso y prepárese para enfrentar el complicado rompecabezas de la vida. En el proceso, espero que pueda ver que muchas de las cosas que hacemos difíciles, en realidad son muy sencillas si las hacemos con el espíritu.

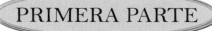

# PRIMERA PARTE

*¿Con quiénes nos estamos conectando?*

# Aquellos que conocemos a diario

Me gustaría comenzar este libro enfocándome en aquellas personas a quienes usted podría no considerar "importantes", pero que forman parte de su existencia diaria. Llamo a estos individuos "nuestros preciados asistentes". Estos incluyen a personas como: su mecánico, manicurista, peluquero o estilista, carnicero, mesera favorita o el capitán de meseros, agente de viajes, taxista o conductor de limusina, jardinero, plomero, pintor, fumigador, técnico de servicio, cartero, cajero, ama de llaves, dependiente de tienda, médico, dentista y muchos más que facilitan su vida. Sin olvidar al limpiador de chimeneas, veterinario, esteticista de mascotas, joyero... y la lista sigue. Todos estos individuos hacen su vida más fácil y a menudo no son tomados en cuenta.

Aún cuando no se pueda relacionar con la gente que voy a describir, con suerte será capaz de identificarse con algunas de las almas que se cruzan por *mi* camino todos los días. Tome a mi peluquero, por ejemplo. Su nombre es Isaac, y me ha atendido durante 12 años. No, no soy rubia natural; mi cabello es en realidad de un extraño, y *nada* atractivo, color castaño rojizo, así que lo he teñido. He estado con Isaac desde el nacimiento de su primer hijo, y nos hemos consolado tras nuestros mutuos divorcios. Compartimos chismes acerca de nuestros respectivos conocidos, de nuestros viajes y de nuestras familias.

De igual manera, veo a mi manicurista de hace 13 años cada dos semanas más o menos. Y sí, mis uñas *son* reales. Mi anuario de secundaria aún dice: "¡Sylvia seguramente tendrá éxito con las uñas más largas!" De cualquier forma, a mi manicurista y a mí nos encanta hablar y reír, pero ella mantiene sola a su hijo, lo cual puede ser difícil. Un día, cuando estaba masajeando mis manos, tomé la suya y le dije: "Todo estará bien este año, te quiero". Tuvo que detenerse porque comenzó a llorar, y al irme me dio un gran abrazo.

Hay un lugar especial de mariscos en donde me fascina comer. Cuando entro, el dueño me abraza y me pregunta cómo estoy y hablamos acerca de su familia. También hay un pequeño restaurante italiano en donde hay una mesera que (sin importar cuán ocupada y apresurada esté) siempre corre a abrazarme (¡y nunca deja de darme una albóndiga extra!). Es como Laura, en Gioia (la pequeña tienda de ropa en Santa Mónica a la que voy cada vez que estoy en Los Ángeles), que aparta las cosas que cree que van a gustarme. Recientemente, compró una casa cerca del mar y ahora está feliz con su vida.

Comparto mi jardinero con Chris, mi hijo, que es psíquico. Mientras este hombre corta mi pasto y cuida de mis flores, frecuentemente salgo y hablo con él. Hablamos mucho de cómo se debe salir adelante en esta vida. Es listo y sabio y está herido (como todos lo estamos), pero sonreímos cuando nos vemos.

Y hay otros, como Sylvester, mi encargado de sonido, que ha estado conmigo durante años y me ayuda cuando estoy de viaje; o Joe, mi amigo que repara mi televisor. Después de que me instaló un nuevo reproductor de DVD hace algún tiempo, le pregunté si le debía algo. Sonrió y dijo: ¡Esta va por mi cuenta! Estas personas están tejidas en el tapiz de nuestra existencia... y algunas veces son las mismas que pasamos por alto.

Mi abuela solía tararear una tonada que iba: Ama al zapatero, ama al carnicero, al panadero y al que hizo el candelabro, y el amor volverá a ti. Yo solía pensar: *Qué cancioncita tan tonta* y *¿Quién fue el que hizo el candelabro?* Pero ese no era el punto: lo que trataba de recordarme era que el amor llega de muchas formas.

### El amor está a nuestro alrededor

Tome un minuto para pensar en todas las personas que llenan su existencia. Con el mundo poblado por miles de millones de personas, cada una de las cuales tiene significado y relevancia, ¿cómo podemos estar solos? Y, aún así, vivimos en una sociedad tan apresurada que no tenemos tiempo para el tendero o la empleada de nuestra tienda favorita. Ya no descansamos nunca. ¿Qué sucedió con las reuniones familiares, charlar en la cena o salir a pasear juntos? Aún cuando tomamos vacaciones, deseamos tanto divertirnos y tener todo resuelto, que volvemos desgastados y más malhumorados que antes de partir.

Este ambiente agitado y estresante, frecuentemente provoca que nos perdamos de las alegrías mutuas. Por ejemplo, estaba sentada en un Starbucks el otro día tomando una taza de café y disfrutando de los primeros aromas de la primavera, cuando no pude evitar escuchar una conversación entre un hombre y una mujer cerca de mí.

–Ya no me prestas atención –dijo ella.

–Sí, lo hago, pero necesitas tantas cosas que no puedo ser lo que quieres –contestó él.

–Entonces no te quiero –respondió ella.

Me dio curiosidad saber si en realidad ella sabía lo que deseaba; o incluso, si él había intentado averiguarlo. Y tan simplista como suena, me preguntaba si las cosas habrían sido diferentes, si tan sólo se hubieran sentado tomados de la mano a disfrutar de sus bebidas.

Escuchamos tanto acerca de la comunicación (y sí, *es* importante); pero, a veces pienso que hay demasiado de lo que yo llamo "palabrería estresante". Dicho de otro modo, la mayor parte del tiempo no decimos lo que queremos decir, o esperamos que alguien más lea nuestras mentes y rompa nuestras barreras.

Pregúntese a sí mismo: ¿Cuándo fue la última vez que rió de verdad? ¿Y cuándo fue la última vez que se levantó y se preguntó qué alegrías le traería el día? Sé que la vida nos puede desgastar hasta el punto de sentirnos derribados y caídos, arrastrados por la corriente de la vida; y que perdemos nuestra pasión porque olvidamos el significado de la espiritualidad y de cómo cada persona con la que nos relacionamos modela nuestras vidas. Ya sea que nos demos cuenta o no, pedimos prestado o tomamos de aquellos que conocemos, en el mejor de los casos, conservando lo bueno y desechando lo malo. A través de nuestras vidas, hemos obtenido conocimiento o experiencia de todos aquellos con quienes hemos tenido contacto y, aún así, mantenemos nuestra propia personalidad.

Si perdemos esa esencia de nosotros mismos o entregamos nuestro poder, estaremos deprimidos o a la deriva. Si nos identificamos demasiado con otra persona, nos perderemos a nosotros mismos, provocando que nos volvamos vanos. No es sorprendente que vivamos en una sociedad muy abatida y deprimida. En mis conferencias, lecturas y presentaciones en televisión, acostumbro preguntar si la gente se siente más deprimida y desgastada en estos días y, usualmente, miles de personas levantan la mano. Nos hemos convertido en una cultura que no se comunica, y tememos mostrar o decir lo que sentimos por miedo a ser marcados como débiles, estúpidos e inclusive dementes.

Hemos perdido mucho de ese amor espiritual que debería ser dirigido hacia cualquier ser humano con que nos encontremos. Creo que es resultado directo de nuestra agobiada sociedad, porque sé que las cosas no siempre fueron de esta manera. Por ejemplo, recuerdo con cariño a Al, nuestro repartidor de hielo (mucho antes de que existieran los refrigeradores). Cuando era pequeña, mis amigos y yo corríamos tras él; y él riendo divertido nos cortaba un pedazo (en aquellos húmedos y calurosos días de Missouri, era el mejor regalo del mundo). Aún puedo ver su amplia sonrisa y sus brillantes ojos azules, sintiendo el placer que le causaba ser el "rey del carro de hielo" y proporcionar sus trozos congelados de frescor a los acalorados pero agradecidos chicos.

Hablando del mismo tema, mi padre comenzó su vida laboral como cartero y venía a casa en Navidad cargado de corbatas, chocolates y whisky (aunque él no bebía), y todos eran obsequios de personas con quienes había hecho amistad en su recorrido. Tiempo después, llegó a ser vicepresidente de una de las líneas más grandes de camiones en Kansas City, pero jamás se olvidó del hombre que confeccionaba sus camisas o del tendero que le daba el mejor corte de carne. Y cuando escuchó que nuestro cartero estaba atravesando tiempos difíciles, papá me llevó a entregarle comestibles y un árbol de Navidad. Lamentablemente, tuve que sostener el árbol por fuera de la ventanilla del auto y estaba haciendo tanto frío que sentí como si mis dedos se fueran a caer. Mi padre me

miró y viendo mi incomodidad dijo: "Sylvia, no pienses en el frío, tan sólo piensa en el calor que vamos a llevar a los corazones de esta familia." Juro por Dios que mis dedos mágicamente se calentaron.

Varios años después cuando estaba dando clases en el Colegio St. Martin en Sunnyvale, California, dos monjas y yo íbamos cada lunes a visitar a los enfermos o a los ancianos. Aquellos queridos rostros se llenaban de amor y alegría infinitos.

*Todas* las personas que he descrito en este capítulo, junto con los que no he mencionado, están involucradas en relaciones espirituales y amorosas con nosotros. Ellos hacen que nuestro corazón cante (no, no es esa subida de hormonas que hace retumbar el corazón), sino una clase distinta de euforia. Estoy segura de que es lo que a menudo tomamos a la ligera y llamamos "gracia", que es en realidad el amor de Dios descendiendo sobre nosotros. Este don nos saca del totalmente fatigoso síndrome de: "¿Y qué hay de mí?", una puerta que nos encierra en nosotros mismos y en nuestra presunta miseria.

Así que ahora, deseo que se detenga y piense en todas las personas que lo hacen feliz, junto con aquellos a quienes *usted* hace felices. Si la respuesta es nadie, entonces debería salir y comenzar a amar a sus semejantes. Después de todo, no tiene que *estar* enamorado... para *amar*.

Capítulo dos

# LA GENTE EN LA ESCUELA
# Y EN EL TRABAJO

En este capítulo, contemplaré las relaciones que sostenemos con las personas en la escuela y en el trabajo. Curiosamente, en realidad pueden darnos la pauta para el futuro, tanto como lo hace nuestra vida en el hogar (y abordaré ese tema en el próximo capítulo)...

### Maestros y compañeros de clase

La escuela es un microcosmos de la vida, en el sentido de que la forma en que nos comenzamos a sentir acerca de nosotros mismos en los primeros años, nos afectará en la edad adulta. En ocasiones, si gozamos de popularidad en la escuela y luego descubrimos que el mundo real no se interesa en si fuimos la reina del baile de graduación o la estrella del básquetbol, nos podemos enfrentar con un triste despertar. Por otro lado, si nos sentimos como un *nerd* o un extraño, esto puede provocar que carguemos con un sentimiento de haber sido excluidos u objeto de burla y, por consiguiente, nos aislemos. Dicho de otro modo, en realidad son años que ayudan a nuestra formación.

Al haber sido tanto profesora como estudiante, he percibido ambas facetas. Cuando estaba en la escuela, no era tímida y tenía un carácter fuerte, especialmente cuando observaba alguna clase de injusticia. Era buena estudiante, pero nunca sentí el desafío hasta que entré a la universidad. Debido a que usualmente me sentía aburrida, estaba lejos de mi asiento y hablaba mucho. Aún así, mi sentido del humor siempre me salvaba, junto con la creencia que mi abuela me inculcó de que Dios ama a todo el mundo (incluyéndome a mí). Creí que tenía sentido, aún cuando Freddy no me caía nada bien, él me torturó en la escuela primaria y me persiguió a casa todos los días en la secundaria...; o sea, hasta que le rompí una sombrilla en la espalda. No soy violenta, ¡pero ya era suficiente!

Sin embargo, *es* mejor ser amable y respetuoso con nuestros compañeros, porque podemos crear amistades verdaderas que perduren toda la vida. Las pandillas ciertamente existieron en mi época, pero todas las personas con las que crecí consiguieron empleo, tuvieron familia y nadie terminó preso. Quizá entonces era un mundo distinto, pero el respeto, el honor, el arduo estudio, la creación de un sentimiento comunitario y la unión, son cualidades eternas.

Si usted no conservó tales sentimientos de sus años como estudiante, tal vez sería necesario que diera marcha atrás y reconstruyera lo que hubiese hecho de un modo distinto como estudiante, e implementarlo en su vida actual. Quizá en realidad no recibió aceptación (quizá su manera de vestir era rara, su cabello no era el adecuado, o padecía un terrible caso de acné), pero entonces fue entonces y ahora es ahora, así que dejemos al pasado enterrado. Tome lo que aprendió y permita que enriquezca su espiritualidad, no que la devalúe.

Es importante notar que si estuviéramos en sintonía, muchos profesores llegarían a ser nuestros mentores o un ejemplo a seguir. Por ejemplo, recuerdo con cariño a mi profesora de inglés de la universidad, la Hermana Marcella Marie. El simple hecho de entrar en su salón de clases daba gusto; a diferencia de otras monjas, tenía flores y esculturas por doquier haciendo el salón acogedor y hermoso. Tenía una chispa divina y no tenía problemas en hablar acerca de las prácticas sociales, religiosas o sexuales de la literatura. La quería mucho porque era amable, y encontraba bendiciones aún en las calamidades más oscuras. Fue la segunda persona (además de mi abuela) que me hizo amar la palabra escrita y revelar el poder que encierra.

La Hermana Marcella Marie me motivó a escribir; y a pesar de que no terminé mi primer libro hasta la edad de 49, me otorgaron varios premios a través de los años, incluyendo el reconocimiento Eco Dorado en poesía y en un concurso nacional de ensayo. Siempre decía: "Escribe lo que sientas, y siente lo que escribas". También me hizo creer que sería muy buena profesora algún día.

Las relaciones que sostuve con mis estudiantes por más de 18 años son también parte de mi corazón y siempre las apreciaré. Cada otoño me decía que no debería acercarme ni apegarme tanto a esos chicos, pero cada año llegaba a sentirlos como si fuesen míos. Recuerdo con pesadumbre cómo las madres tenían que arrancarme a sus pequeños afligidos al final de cada curso. Aún cuando me quedaba deshecha durante todo un mes, no cambiaba ese amor puro por nada en el mundo.

Hace poco recibí una carta de un médico que fue mi estudiante cuando estaba en cuarto grado. Simplemente

decía: "Soy quien soy porque usted creyó en mí cuando me sentía como un *nerd*. Son experiencias como éstas las que me motivan a seguir adelante."

Ahora bien, esto no significa que usted *tenga que* convertirse en un maravilloso y gran mentor, porque no podemos engañar a los niños. Ellos saben cuando uno los ama (y de no ser así, no debería trabajar con ellos), pero en realidad construí relaciones sólidas con mis estudiantes. De hecho, cuando regresé a Kansas City para una conferencia, varios años después de marcharme, había tres filas con mis alumnos de tercer grado en la audiencia. Y mis estudiantes de secundaria han estado en contacto conmigo desde la década de los sesenta. Estos hombres y mujeres me han dado mucho amor a través de los años, y le han añadido mucho colorido y sentido a mi vida.

### En el trabajo

Ahora exploremos las relaciones que tenemos con los demás en el trabajo, ya que pueden ser maravillosas o una verdadera pesadilla. Parece que todos los días escucho a la gente decir que laboran en un ambiente de trabajo demasiado político o comercial, o que los jefes sólo se encargan de engañar o estafar a otros por el todopoderoso dólar. Cuando se halle a sí mismo en dicha situación, no creo que haya cantidad alguna de dinero que deba obviar la dignidad de su centro divino. No quiero decir que tenga que andar por ahí predicando y tratando de llevar a la gente hacia el camino espiritual que usted ha escogido, pero existe el comportamiento honesto y la integridad. No creo que alguien sea lo suficientemente estúpido, como para no darse cuenta de que se están llevando a cabo negocios deshonestos.

Y digamos que usted se encuentra en una situación con un jefe que es irracional, exigente, egocéntrico y limitante..., sin mencionar que algunas personas en su entorno probablemente estén aterradas o pisoteándose mutuamente, con tal de obtener la aprobación del jefe, quien a la vez parece ejercer su poder sobre la posición económica de todos. Bien, cuando se encuentre en este estado de constante desventaja, es hora de marcharse. No sólo el pesimismo con el que se topa a diario se extiende como un cáncer, sino que no se pueden crear lazos cuando estamos viviendo en el temor.

Sí, es cierto que si no tolera su empleo, la tensión resultante *definitivamente* puede enfermarlo. ¿Y vale la pena? Sé que dirá: "Pero si no tengo empleo, me iré a la bancarrota o tendré que vivir en la calle". No, no lo hará. Recuerde que, en esencia, Jesús dijo que Dios cuida de todos nosotros como cuida de los lirios en el campo. Es mucho mejor tener menos y ser feliz, que vivir en un ambiente negativo y perjudicial. Y dejar su empleo es en realidad más económico que terminar en el hospital, incapaz de trabajar.

Por otro lado, como empleado, le debe lealtad y solidaridad laboral a su empresa; además, está comprometido a realizar bien sus actividades, a ser responsable y a tener iniciativa. Me parece sorprendente observar que a menudo la gente sólo realiza el paso A y jamás llega al paso B. Haga su trabajo, pero también vea qué puede hacer para mejorarlo. Por su propio razonamiento, llegará al siguiente paso. Detesto decirlo, pero frecuentemente veo a personas que en realidad no desean trabajar. Usted les da algo que hacer, pero simplemente no pueden hacerlo bien. Es casi como si se hubieran congelado en su propia inseguridad o inhabilidad para mirar "más allá de lo preestablecido." Una vez más, igual que el jefe debe

ser justo, así debe ser justo el empleado tratando de dar lo mejor de sí mismo. Para amar su empleo, debe amar lo que hace: esto no significa amar sólo su salario sino sentirse orgulloso de sí mismo por lo que ha logrado.

--❦--

La frase "¡Podemos llevarnos bien todos!" suena obsoleta y aún graciosa, pero es cierta. No tiene que amar a todo el mundo (ni siquiera tienen que agradarle), pero si sus compañeros están haciendo un buen trabajo, es mejor dejarlos en paz en lugar de demostrarles su descontento a ellos o a otros. Una oficina es otro microcosmos del universo, y ya sea sencillo o complejo, aún así se aprende. Además, ¿cuánto cuesta el amor? Nada. Sin embargo, el desprecio, los celos y la venganza le cuestan demasiado porque Dios es amor y somos Su descendencia genética. Amarnos los unos a los otros forma parte de nuestro ADN espiritual.

No obstante, sé qué tan difíciles pueden llegar a ser estas situaciones interpersonales. Cuando daba clases, me encontré en una situación en la que no me soportaban una profesora de Educación Física y una monja que enseñaba literatura. Esto me atormentaba, hasta un día en que una de mis estudiantes vino a verme mientras me encontraba calificando exámenes. Se sentó, me miró a los ojos y dijo:

– ¿Sabe por qué estas dos mujeres la odian? Es porque todos nosotros [refiriéndose a los estudiantes] la amamos tanto.

Pensé en eso por un largo tiempo y me quedé totalmente confundida. Le pregunté a mi guía espiritual, Francine (de quien hablaré más adelante):

– ¿Por qué alguien tendría un problema con otra persona sólo porque la aman? –Mucha gente como tú no concibe los celos y por eso no los puede comprender –me contestó.

Supongo que de alguna manera lo simplificó, pero creo que los celos son una de esas emociones que no tienen explicación lógica. Me costó mucho trabajo superar esos tiempos difíciles y traté de concentrarme en los estudiantes que amaba tanto, pero fue una lección difícil y dolorosa. Tomé la firme resolución que cuando me fuera posible tener mi propio negocio, jamás permitiría que la avaricia o los celos predominaran (y gracias a Dios así ha sido).

En todos los ambientes laborales va a haber cierta cantidad de problemas territoriales, pero pueden ser aminorados enseñándoles sobre las funciones de todos los demás (de ser factible) e intercambiándolos desempeñando diferentes puestos. Esto también puede ser útil cuando el absentismo causa problemas, porque más flexibilidad con los trabajadores implica menos pérdida en la producción. Los miembros de mi propio personal se ayudan mutuamente para cumplir con los objetivos.

También trato de decirles a mis empleados que los aprecio, y que tengo suerte porque aunque tenemos nuestras diferencias, tenemos un núcleo de creencias que nos mantiene unidos. Como líder de varias compañías y una iglesia, intento (no siempre con éxito) ser lo más justa y agradecida que puedo. Si no estoy presente, agradezco a Dios que la gente que ha estado conmigo durante tanto tiempo comprende mi ausencia. También saben que mientras tienen que ser siempre corteses con el público, les he dicho que no permitan que se les difame, que se les grite o que se les trate con rudeza. El cliente *no* siempre tiene la razón si él o ella está siendo agresivo

e irresponsable. Nadie consigue nada ultrajando a otro ser humano y nadie debería degradar la dignidad de otra persona. Gracias a Dios casi nunca recibimos esa clase de trato (estoy convencida de que la gente sabe dónde radican las intenciones y los motivos de los demás).

Esto podría sorprenderle, pero como regla general, no he sido partidaria de las sociedades de negocios. Algunas veces funcionan bien, pero puedo decirle que en mi experiencia, una gran cantidad de las veces terminan como un mal matrimonio, con uno de los socios quedándose con la mayor parte y el otro en el desamparo. La avaricia no tiene cabida en el mundo laboral (o, para el caso, en ninguna sociedad, en ningún lugar ni ninguna época), pero *sí* asoma su horrible rostro. Así que a menos que nos motive un propósito más elevado, no deberíamos hacer negocios cuando la tentación es abrumadora.

Finalmente, me gustaría recordarle que siempre habrá una nueva oportunidad en la vida, si no está demasiado ocupado estando estresado para vislumbrarla. Le prometo que Dios proveerá. Lo sé, y lo he visto y comprobado una y otra vez en mi propia vida. Primero, determine lo que le haría feliz y exteriorícelo. Llegará. Y tan sólo recuerde que personas como la Hermana Marcella Marie llegan siempre a nuestras vidas como mensajeros espirituales a lo largo del camino..., si estamos lo suficientemente dispuestos a prestarles atención.

# Capítulo tres

# LOS MIEMBROS DE LA FAMILIA

*E*n este capítulo, al igual que con aquellos que integran la primera parte, voy a examinar relaciones mucho más profundas. Son las que en realidad marcan nuestras almas y tienen un impacto en nuestra vida. Esto, por supuesto, nos conduce a nuestras familias.

### La conexión entre padres e hijos

Se dice que aprendemos sobre el amor de nuestros padres. En mi caso, sin embargo, esto no fue totalmente cierto: lo aprendí de mi abuela Ada y de mi padre, pero ciertamente no de mi madre. Es verdad que ella creció en una época en la que las mujeres no contaban con muchas opciones, excepto la de casarse y formar una familia, y usualmente tenían que salir directamente de la casa de sus padres para hacerlo. Por supuesto, las cosas en mi tiempo no fueron tan diferentes. De hecho, recuerdo a dos chicas de la secundaria que se instalaron juntas en un apartamento después de graduarse. Fueron clasificadas como "amantes", y nunca se casaron.

Mi madre fue una persona muy infeliz, y pronto me di cuenta de que también era adicta a los fármacos. Creo que es por eso que hoy día tengo problemas de sensibilidad con los analgésicos y hasta con la novocaína. Parece demasiada coincidencia que al mismo tiempo que me di cuenta de que mi madre necesitaba sus "píldoras" (yo tenía cerca de 12 años), me volví alérgica a la penicilina. Llegó al punto en que aún hoy en día soy sensible a muchos fármacos que otros toman comúnmente.

Pienso que nos predisponemos a las "debilidades familiares" diciéndonos a nosotros mismos que las hemos heredado. Sí, creo que las adicciones *son* enfermedades, pero pueden superarse si estamos conscientes de que las elegimos como pruebas para nuestro crecimiento espiritual. Es casi demasiado fácil decir: "Provengo de una familia de alcohólicos, por lo tanto, también soy alcohólico."

Recientemente, por ejemplo, conocí a un hombre en un restaurante que dijo que sus padres fueron alcohólicos, así que él lo era también. Le dije: –No, eso es lo que usted *eligió* ser. Y aún más importante, si sabía que ellos eran alcohólicos, entonces pudo haber obtenido orientación para ayudarlo con su supuesta debilidad genética.

Luego le dije: –Dado que sus padres murieron de insuficiencia hepática, no sería bueno seguir sus pasos.

Posteriormente intentó utilizar mi filosofía en contra mía replicando: –Pero probablemente elegí eso también.

–No, le contesté–. Usted eligió superar la enfermedad, no desviarse del camino utilizándola como una excusa para beber.

Se quedó sentado por algunos minutos y cuando se acercó la camarera, rechazó otra bebida. Estoy segura de que el intercambio que tuvimos no lo sanó instantáneamente. Pero lo que *podemos* hacer en la vida es plantar semillas: unas producirán raíces y otras no, pero no deberíamos dejar que eso nos impida plantarlas en la tierra con cariño y delicadeza.

Mi madre fue víctima y mártir, y me utilizaba para mantener cerca a mi padre. Yo era el centro de su atención, así que su tema favorito era: "Ve y anima a papá para que esté de buen humor". Yo lo resentía, pero me fue de gran utilidad en los años por venir, porque aprendí a actuar muy bien a una edad temprana.

Mi madre nunca fue dada al cariño o a las palabras de amor, sólo a la crítica. Yo era demasiado alta, mi cabello era demasiado rebelde y se molestaba conmigo porque hacía feliz a mi padre (aún cuando ella era quien me pedía que lo hiciera). Supe a una edad muy temprana que yo estaba en una situación en la que no podía competir con ella, así que en vez de hacer hincapié en todo el dolor que pude haber soportado, hice oídos sordos y me incliné hacia el cálido amor de mi abuela, de mi tío y de mi padre.

Ahora bien, puede elegir cargar con los errores de uno o de ambos padres, o puede utilizarlos para llegar a ser una mejor madre o un mejor padre. Si no cambia lo negativo de su vida en positivo, pasará los días sin aprender... y terminará en la bancarrota espiritual. Personalmente, tomé lo que mi madre hizo y su manera de ser, y lo convertí en todo lo que yo misma no deseaba ser o hacer.

En otras palabras, muchas veces en realidad deberíamos estar agradecidos por seres tan negativos porque ellos pueden ayudarnos a crecer espiritualmente: fortalecen nuestra alma y nos hacen mejores seres humanos. Muy a menudo la gente usa los desafíos de la vida familiar como pretexto para abusar, o pasan sus días sintiéndose mártires. ¡Una soberana pérdida de tiempo! Además, todo el mundo se cansa de escuchar de cómo abusaron de ellos y de cómo utilizaron esto como su muleta emocional año tras año.

*Nadie* se escapa del rechazo o del dolor; lo que hagamos con ello es lo que generará que nuestro espíritu crezca.

## Madres e hijas

A pesar de que la relación entre mi madre y yo no funcionó, he visto muchas relaciones hermosas entre madre e hija. Tras perder a su madre, una mujer me dijo: "Fue mi mejor amiga". Sin embargo, a muchas mujeres nunca se les ha enseñado cómo crear lazos. Los hombres parecen hacerlo con facilidad, pero nosotras las mujeres tenemos tantas emociones fluyendo que a veces nos es difícil encontrar puntos en común. No es crítica; simplemente así fuimos hechas. Las chicas están unidas a su madre cuando son jóvenes y luego transfieren sus sentimientos a su padre (si está presente). Esto es normal y sano porque demuestra que la mujer está tratando de equilibrar el intelecto lineal con el emocional. La mente busca duplicarse a sí misma con un equilibrio entre lo masculino y lo femenino, y esto es especialmente cierto con los niños pequeños.

Con frecuencia, existe un claro sentimiento de competencia con la madre que se presenta en especial durante la adolescencia. Si puede afrontar el problema y ser una amiga amorosa o una luz espiritual para su hija, lo superará. Podría resultar algo maltratada en el proceso, pero será más fuerte. Señoras, mientras estén leyendo estas líneas, recuerden con honestidad cómo eran a esa edad (créanme, les facilitará las cosas).

Predicar: "Fui una hija perfecta", no ayudará..., tan sólo degrada el alma de su hija y su autoestima. Muchas veces nuestras hijas se parecen tanto a nosotras que lo que vemos es en realidad un reflejo de las cosas que no hemos aceptado en nosotras mismas. Pero, recuerde que debido a que tenemos ciclos mensuales, somos más susceptibles a las emociones. Muchas de nosotras comenzamos muy pronto con los sentimientos intensos, escribiendo un diario o poesía y con apegos al romanticismo...; todo forma parte del flujo hormonal. Añádale un ambiente en el que este ser emocional sea abandonado o rechazado, y tendrá un enfrentamiento a gran escala entre madre e hija (y bastantes malos recuerdos que durarán toda la vida).

Algo que con frecuencia hacemos es permitir que los hijos nos hagan perder las casillas (y detesto decirlo, pero nosotras las mujeres somos en verdad buenas para esto). Les digo a las madres que eviten eso alejándose porque ocurre en muchas relaciones, y no se logra nada cuando las hormonas se alborotan. Simplemente, aléjese..., el tiempo pasará y entonces podrán hablar. Reaccionar de forma exagerada no lleva a ningún lado. Y recordemos que decir: "Te quiero" no tiene mucho significado si no está respaldado por las acciones. Ignorar a sus hijos o criticarlos no es amar. ¿Por qué cree que existen tantas pandillas? Porque los jóvenes andan buscando un sitio al cual pertenecer. Somos seres sociables, y es primordial la necesidad de pertenecer o de sentirse aceptado. Debido a nuestra estructura emocional, las mujeres en realidad aparentamos buscar aprobación (especialmente en la adolescencia). Ser aceptada por la madre es el primer paso para saber cómo relacionarse con otras mujeres. "Estoy tan orgullosa de ti" es tan importante, como "Sé que te valorarás como yo te valoro."

Organice las cosas para que su hija pueda hablarle de sus cosas sin que tenga que gritarle. Podría acobardarse, pero ármese de valor para escuchar lo que tiene que decir. Esperemos que la introducción de buenas costumbres espirituales y morales se lleve a cabo mucho antes de que la chica llegue a la pubertad. No es obsoleto explicarle a las chicas que son vasijas especiales y sagradas creadas por Dios. No fueron colocadas en la Tierra tan sólo para procrear: deben respetarse a sí mismas lo suficiente para cuidar que nadie entre a su templo y lo profane por el mero placer de un momento. Hable de su vida y de lo que tuvo que atravesar, o aún de la molestia que usted misma fue para sus padres.

De nuevo, el modelo "perfecto" no ayuda, especialmente cuando tratamos con una chica que está luchando contra el dolor, la moral, la ética e incluso con la época en la que vive. Los grupos de compañeros son difíciles de enfrentar, y el sexo está en todas partes (sin duda cuando se trata de la mente de un adolescente). No es mi intención aplicar la vieja teoría puritana de "¡cúbranse!", quiero decir, *yo* usaba blusas entalladas y pantalones cortos cuando era joven. (Desde luego, no teníamos que preocuparnos por todos los acosadores sexuales de ahora.)

Tenga en cuenta que el pesimismo *sí engendra* pesimismo (nadie desea confiar en alguien que parece tener su propia carga emocional). Muchas hijas, lamentablemente, llegan a ser la figura materna de sus propias madres, ocasionando que ambas partes pierdan. Así que cada día al levantarse, dígase a sí misma que tiene una familia y una vida hermosas; y que, además, usted aún es joven y que posee la suficiente sabiduría para ayudar a su hija.

En algunas ocasiones creemos que es deshonesto actuar positivamente cuando en realidad no lo sentimos, pero el modo en que hablamos, actuamos y reaccionamos causa que nuestra mente siga los mismos pasos, esta es la razón por la cual las afirmaciones positivas funcionan tan bien. Ya sea que se dé cuenta o no, los jóvenes son bastante psíquicos. Así que si usted ofrece un ejemplo tranquilo, constante y espiritual, con la apariencia externa de que a la larga todo se arreglará, sus hijos se reflejarán en usted.

Es importante que una madre sea tierna, amorosa y afectuosa..., aunque llegará el momento en que la mujer que va creciendo no sea tan cariñosa. Sin embargo, yo misma me sentaba en el regazo de mi abuela aún cuando tenía 18 años, porque era una respuesta programada de aceptación. *La aceptación* es una palabra que abarca demasiado... inclusive el amor incondicional.

Sé que todos tenemos la tendencia a mentirnos, o a dejar para mañana lo que podemos enfrentar hoy. Pero, en lugar de hacer eso, sea parte de la vida de su hija. Esto no significa que tenga que beber, fumar o consumir drogas con ella para demostrar que usted "entiende." Eso no es entender; eso es consentir el mal proceder. Si colocan un centro divino en sus vidas, usted y su hija siempre tendrán un apoyo al cual volver.

## Madres e hijos

Ahora pasemos a la relación madre e hijo. Como veremos con padres e hijas, este lazo puede ser menos estresante gracias a la conexión de sexos opuestos. La relación entre madre e hijo en realidad puede ser compleja, pero usualmente no es tan emocional como la de dos mujeres. Puede decir que tengo prejuicios porque crié a dos varones, pero también tuve una hija adoptiva llamada Mary que vivió con nosotros desde que tenía 6 años hasta que cumplió 22.

El viejo dicho: "El varón es hijo hasta que tiene esposa, pero la mujer es hija durante toda su vida" puede ser cierto en muchos aspectos, pero en mis conferencias, encuentro que en ocho de cada diez ocasiones, los varones permanecen cerca de sus madres. Esto simplemente prueba que las mujeres somos más ingeniosas e independientes que lo que nos reconocen. Desde luego, no estoy tratando de decir que estamos creando un puñado de niños de mami, pero puesto que los hombres han sido sociables (tribales) desde el principio de los tiempos, es natural para ellos intentar mantener unido al clan.

En la gran mayoría de las ocasiones, si las madres le preguntaran a sus hijos: "Pero si lo haces de este modo, ¿acaso no tendrías mejores resultados?" cosecharían mejores resultados que reprendiendo: ¡Esto está mal porque lo digo yo! De esta manera, les están ofreciendo sugerencias para usar la lógica, en lugar de ser una figura matriarcal controladora. La corrección violenta jamás funciona; sólo es humillante para el individuo, especialmente si se trata de un varón. Toda forma de golpes o abuso es absolutamente inaceptable para cualquiera; solamente le enseña a los varones que las cosas se adquieren a través de la violencia física... y el mundo ya ha tenido bastante de eso.

Como solía decirle a mis alumnas de secundaria, el hombre es mucho más sensible de lo que solemos pensar. Puede ser que en una época hayan sido guerreros, cazadores y constructores de viviendas; pero hoy, muchos hombres no pueden serlo. Su instinto primordial ha sido aplastado por estructuras de oficinas modernas, y su ego se ha vuelto muy frágil en el proceso.

Las madres tampoco deben tratar a sus hijos como extraterrestres o culparlos por cualquier relación negativa que ellas hayan tenido con los hombres. Más bien, compruebe que sí puede existir camaradería con los hijos...: una amistad verdadera y llena de comprensión. Estoy segura de que fue difícil para mis hijos cuando eran pequeños, tener a una madre psíquica que apareciera en televisión. Los molestaban mucho en la escuela, más de lo que ellos pensaban que yo sabía.

Las relaciones entre madre e hijo pueden ser muy estrechas y gratificantes, especialmente si los chicos pueden contarle todo, sea lo que sea. Aún cuando usted no necesariamente desee escucharlo, es mejor que se acerquen a usted en lugar de acudir a una persona fuera del círculo familiar. Así que, madres, dejen que sus chicos se acerquen a ustedes a contarles sus problemas con las chicas, el cigarrillo, las drogas, los acosadores, el sexo y esas cosas; y mientras estén pequeños, no teman intervenir y tratar de corregir una situación adversa. Intentar convertir niños pequeños en adultos es una locura: decirles que no deben llorar y que deben "ser hombres" es detener el aspecto emocional, tan importante en su desarrollo.

Recuerde, usted puede ser guía espiritual sin predicar y puede ser amiga sin perder el control. La puerta debe permanecer abierta para que si ocurre un agravio, pueda hacer que su hijo atraviese esa puerta con amor incondicional y espiritual para que sea quien debe ser, y de quien usted se sienta orgullosa. ¿Dejará de preocuparse? ¡Por supuesto que no! Pero por lo menos en lugar de sentirse culpable, podrá decir que hizo lo mejor que pudo y que lo hizo con conciencia divina.

### Padres e hijas

Aquí, de nuevo, gracias a las relaciones de sexos opuestos, la conexión entre el padre y la hija generalmente no es compleja. El padre suele amar a su pequeña debido al factor masculino protector, y ella tiene un lazo emocional con él, que marca la pauta para lo que buscará en una pareja cuando crezca. Si él es insensible o poco afectuoso, bien podría ella elegir a la persona equivocada en su búsqueda de aceptación. (Esto también funciona para los varones: si la madre tiene una moral indeseable, será más probable que consideren a todas las mujeres inadecuadas o para ser utilizadas y pisoteadas.) Un padre entonces jamás debería considerarse demasiado adulto como para ponerse al nivel de sus hijos, leerles un cuento o jugar con ellos en el piso. Aún los juegos de mesa pueden enseñar al niño a no hacer trampa, a perder con gracia o a ser lo suficientemente astuto como para ganar.

Sin embargo, parece que muchas personas no demuestran tanto cariño como solían hacerlo. Mi padre y yo nos besamos y abrazamos hasta el día en que murió. Claro, escuchamos tanto acerca del incesto que tememos acercarnos demasiado (ni siquiera a nuestros hijos) por temor a que sea malentendido. Esto está tan mal, que nos hemos convertido en una sociedad que no se toca, besa o abraza, y ahora estamos confinados en nuestro propio caparazón.

En ocasiones la hija siente que no siempre puede acercarse al padre para hablar de sexo o "cosas de mujeres" porque parece demasiado personal o hasta embarazoso. De nuevo, si las líneas de comunicación están abiertas, habrá aceptación. Recuerdo cuando tuve mi primer período menstrual, mi padre se acercó, me abrazó y dijo: "Ahora eres una mujercita de verdad." Estaba muy orgullosa, en lugar de sentir timidez o vergüenza.

Debido a que fui honesta con mis hijos, veo a mi hijo menor, Chris, muy franco y comprensivo con su hija. Angelia está en la etapa de pubertad y Chris le da la libertad para expresar sus emociones, como mi padre lo hizo conmigo. Así que como las madres, los padres pueden ser grandes modelos ejemplares en el plan moral, espiritual y ético. A fin de cuentas, trabajar duro, ser justo y dar un buen ejemplo no es tan difícil como ser rebelde, egoísta y poco afectuoso. No hay *nada* de debilidad en un padre que es amable, gentil y afectuoso; eso no disminuye su hombría. Vi a mi padre llorar con canciones y películas tristes, o cuando yo hacía algo que lo hacía sentirse orgulloso. Ni una vez frenó sus desahogos emocionales ante mis ojos; de hecho, lo hacían parecer más fuerte y admirable.

## Padres e hijos

La relación entre padre e hijo definitivamente puede ser compleja, ya que es la catalizadora para el ego del adolescente al comenzar a marcar su propio territorio. Ha sido de esta manera desde el inicio de la historia, pero no creo que tenga que ser así. Si ambos varones son tratados con respeto, amor y honor desde su nacimiento, no tendrán necesidad de ejercer la fuerza. Si un padre juega a luchar o practica béisbol con su hijo, no tiene porqué haber competencia, sino juego limpio. Esto no significa que deban dejar ganar a sus hijos, pero es importante instituir el sentido del buen espíritu deportivo. Si un joven desea retar a su padre, entonces mucho antes de que suceda, ya el padre lo habrá establecido al insinuar: "Soy mejor que tú."

Mientras los chicos aprenden de los sentimientos por su madre, también aprenden de su padre que ser emocional, afectuoso y generoso *no* son maneras poco masculinas de expresarse. De hecho, un verdadero hombre no tiene que ejercer su imagen de macho constantemente. (Un varón también aprende de su padre cómo confiar en las mujeres.)

Si siente que su padre está ausente, recuerde que sólo necesita a una persona que lo ame incondicionalmente para que su vida brille. Puede pasar toda su vida deseando haber tenido una clase de padre en particular, aún así hay muchas otras personas esperando a nuestro alrededor (otros miembros de la familia, maestros, padres de sus amigos, consejeros y demás) que pueden ser sustitutos, compensando así la riqueza y el significado espiritual de su vida. Si sólo se concentra en lo que no tiene, es probable que termine sin nada más que un doloroso resentimiento. Así que siéntase agradecido por el padre que tiene, porque está aquí para hacer de usted la mejor persona que puede llegar a ser..., tan sólo tiene que verlo así.

## Hijos adoptivos

Hemos hablado de los hijos biológicos en este capítulo, pero ¿qué sucede con los hijastros, en custodia, o los que hemos adoptado? Bien, sin importar cómo llegaron a nuestras vidas, estos chicos y chicas deberían tener el mismo sitio en nuestro corazón que si los hubiésemos engendrado nosotros. Así que muchas veces el padrastro o la madrastra ve al chico sólo como el hijo de su cónyuge, lo que es un gran error. (Incluso he visto padres biológicos hacerlo cuando sus hijos se comportan mal, que dicen: "Ay, eres igual que tu padre [o tu madre]"). Estas personas no están considerando que aunque existen razones circunstanciales y algo de genética involucrada, cada persona debe ser tratada como un alma individual. Todas las almas deben ser tratadas con amor y respeto hasta que demuestren sin rastro de duda que no lo merecen.

Como mencioné previamente, tuve una hija adoptiva a quien crié con mis dos hijos biológicos y la sigo amando como si fuera mía. De hecho, siempre digo que tuve tres hijos. Además, prácticamente me hice cargo de otros seis chicos; Chris, mi hijo menor, traía estos amigos a casa para quedarse "sólo por dos semanas", y finalmente se marchaban varios meses después. Todos son joyas que Dios me dio para cuidar, y los traté como tales.

El odio engendra odio y los niños lo sienten. *Cualquier* pequeño a su cargo debe ser respetado y amado, y no visto como una carga que usted ha sido condenado a llevar. Ningún niño merece ser castigado por "los pecados del padre".

## Un consejo para todos los padres

Lo primero que me gustaría recordarles a quienes son padres como yo, es que no podemos culpar a nuestros niños por nuestros problemas; si estamos cansados, atravesando un periodo doloroso o en medio de un divorcio, ellos siguen siendo nuestra prioridad. Muchas veces es como si el estrés de la vida se derramara y entonces alguien inocente es el recipiente de la ira que debía estar encausada hacia otra persona o motivo que en realidad está perturbando a esa persona. Vemos esto en los hogares donde los padres discuten y luego gritan a los hijos. Si esto ocurre, los adultos deberían disculparse diciendo: "Sólo estoy molesto por algo y me desquité contigo". Lo siento. Los niños lo entenderán y se darán cuenta de que nadie es infalible de cometer errores.

No obstante, deberíamos hacer que nuestros hijos entiendan que no somos personas que a todo decimos "sí". Dicho de otro modo, no pasaremos por alto cualquier comportamiento, pero les diremos la verdad y los amaremos de todas formas. Aunque suene anticuado, la apreciación y el amor pueden conquistar mucho, mientras que la crítica y el sarcasmo no llevan a ningún lado. He visto declaraciones como: "Cariño, eres demasiado listo y atractivo como para decir esas cosas", que neutralizan el enojo. Una palabra amable transforma la ira en entendimiento.

Si los molestamos utilizando la vieja frase: "Bueno, en mis tiempos, bla, bla, bla", ya perdimos la batalla e iniciamos la guerra. Nadie puede hablar con alguien que condena y critica, por lo que seguramente vendrá la rebeldía. "Estoy contigo pase lo que pase" es un mejor adagio espiritual. Yo sentía que mi padre y mi abuela me amaban tanto que herirlos me habría aniquilado. El amor incondicional es una herramienta poderosa, y no puede fingirse pues los niños lo notarían.

A razón de educar a mis propios hijos y de dar clases en una escuela sólo para chicas, me convencí de que es mejor si usted permite que sus hijos e hijas se le acerquen. No quiero decir que no debería ser estricto con las horas de llegada y los amigos, o al hablar de alcohol, de fumar y de las drogas, pero dejar que ellos tomen la iniciativa crea lazos. Pero jamás revele la información que le confíen porque se perderá la confianza. Mi puerta siempre está abierta, y a veces recibo demasiada información, pero me digo a mí misma que es mejor que no saber nada. Cuando sus hijos se le acercan y usted no está demasiado ocupado o ensimismado en sus cosas, se convierte en su confidente, en lugar de hacer que se dirijan a un extraño que pueda desviarlos del camino. Procure encontrar tiempo para conversar con ellos y si están dispuestos, deje todo lo demás...; puede ser algo importante que tenga gran impacto en sus vidas y en la suya.

En las relaciones con los hijos, deberíamos enseñarles espiritualidad, buenas costumbres y ética. Debemos darles la impresión de que hay consecuencias espirituales en todos nuestros actos. No es una regla nuestra, sino divina, el universo kármico regresará a nosotros y lo que hagamos con malicia nos será devuelto. Yo misma inculqué eso a mis hijos desde el principio. Tal vez no signifique mucho cuando son pequeños, pero como mi abuela solía decir, volverá a arraigarse en sus mentes conforme vayan creciendo.

Muchas veces, hablar de temas espirituales como ángeles, espíritus, guías espirituales y seres amados que se han ido, parece ser fascinante para los adolescentes y puede ayudarle a crear una conexión con ellos (si puede hacerlo sin que parezca sermón). Me parece que es debido a que sus hormonas los incitan a explorar lo desconocido; mis nietos están muy interesados en los ángeles y en los espíritus, por ejemplo, y dos de ellos están en la pubertad.

Es sorprendente la cantidad de correos electrónicos que recibo de adolescentes, y en mis conferencias y cuando firmo autógrafos en mis libros, he notado que cada vez hay más y más jóvenes en la audiencia. Parece como si estuvieran buscando un ancla en la vida, que aparentemente está más caótica que cuando crecimos muchos de nosotros. Se ha tornado especialmente agitada en los últimos quince años, al punto que los últimos cinco los han atravesado en un vacío lleno de ansiedad. Toda relación necesita formularse las preguntas: "¿Por qué estoy aquí?" y "¿qué estoy haciendo?" Cuanto antes comencemos, más fácil será.

En estos días, por lo general uno de los padres es quien predomina, a menudo debido a un hogar disuelto o al hecho de que el padre o la madre trabajan todo el día, dejando la crianza solo a uno de ellos. Es difícil, pero las cosas saldrán bien si el niño tiene por lo menos una figura paterna o materna fuerte que mantenga bajo control las riendas de su comportamiento y abiertas las líneas de comunicación. En realidad, yo misma no conté con una figura paterna para mis hijos, pero mi propio padre fue una fuerte influencia para ellos. Así que si usted es padre o madre soltera, consiga el apoyo de una persona del sexo opuesto, que por lo menos le sirva como una buena influencia masculina o femenina para equilibrar la dinámica familiar.

Finalmente, lo único que los padres jamás deberían hacer es tratar de vivir sus sueños a través de sus hijos. Escuchamos del papá fanático de los deportes que no pudo ser profesional, así que presiona a su hijo más allá de lo que puede lograr tan sólo para cumplir su propio sueño; o de la madre que siempre quiso ser actriz o modelo y se convierte en la madre insoportable en escena. Este comportamiento hace que los niños se conviertan en peones y les arrebata

sus vidas. Siga la pasión de sus hijos; si desean ser músicos o amas de casa, acéptelo y celébrelo. Puede guiar pero jamás controlar, porque esto conlleva resentimiento y pérdida de la identidad. Deje ser a sus hijos y no interfiera en sus propios destinos.

## Los niños y sus abuelos

Cualquier abuelo podrá decirle que no existe nada parecido. Tengo tres nietos y me siento muy afortunada de poder vivir cerca de ellos y de verlos a menudo. Aunque muchas personas casi nunca pueden ver a sus nietos, hay un gran sentimiento de amor de Dios cuando los visitan. Y a veces nos vemos más a nosotros mismos en nuestros nietos que en nuestros hijos. Como enunció un artículo el *American Medical Journal* hace algunos años: a los genes humanos les toma una generación para manifestarse.

A través de nuestra sabiduría (con suerte) comprobada con el paso de los años, podemos ayudar también a nuestros jóvenes a darse cuenta de que lo importante es su ser interior, no las etiquetas o las expectativas ajenas. Jamás le he dicho a mis nietos: "Cuando tenía tu edad...", pero *he* descubierto que cuando me preguntan sobre mis años mozos, las cosas son muy similares a la actualidad. Al crecer, tuve problemas parecidos a los que los jóvenes enfrentan hoy; claro, los autos, la economía y las modas han cambiado, pero los problemas básicos siguen ahí. La chica popular, el acosador, el profesor favorito, los enamoramientos... son los mismos y siempre lo serán.

Me encantaba escuchar sobre la vida de mi abuela. Saber que lo que tuvo que pasar la hizo fuerte y creyente de la luz de Dios *me* brindó fortaleza y determinación. Así que además de hornear para sus nietos, de hacer

manualidades con ellos, ir de compras o cenar con e-
llos, cuénteles historias llenas de significado, moral y espiritualidad. A mis nietos les encanta saber de ángeles y
guías, y les gusta saber que la vida continúa y que hay
una muy buena lección que uno aprende de cada evento.

Por ejemplo, la otra noche mi nieto Willy estaba
hablando de su perro Buddy que murió recientemente.
Dijo: "Estamos tristes, pero Buddy está feliz porque está
en el cielo con Dios." Mis tres nietos han asistido a mis
conferencias y aún si cuando crezcan no creen en lo que
hago, por lo menos siempre sabrán que Dios los ama. Los
niños solían aprender de sus padres, pero hemos perdido
eso en esta sociedad tan agitada. Así que como abuelos,
nada es más importante que dar a sus nietos bases en las
que puedan confiar. Al hacerlo, se deleitarán en sus des-
cubrimientos de la vida, del amor que les ofrecen y de
la euforia que obtendrán cuando los mimen. Dejen que
vean en ustedes amabilidad y rectitud, y no los malcríen
hasta hastiarlos.

Me parece maravilloso que muchas culturas en el
mundo mantengan intacta a la familia cuidando tanto
a los jóvenes como a los ancianos. En la cultura Masai de
Kenia, por ejemplo, los padres viven con sus hijos adultos,
trabajan con ellos y atienden a los hijos de *sus* hijos. No estoy recomendando que vivamos todos juntos en la misma
choza, pero creo que negar a los niños el beneficio de las
generaciones pasadas es muy triste. Tener una familia que
incluya a los abuelos, primos, tías y tíos proporciona una
riqueza que tristemente estamos perdiendo en la sociedad
actual. Tal cohesión es el condimento en la deliciosa sopa
de nuestras vidas.

### Hermanos y hermanas

En muchas ocasiones, la labor de hermanos mayores cae pesadamente sobre sus hombros. El menor puede estar celoso, pero también desea imitar lo que hace el mayor. Usted podrá decir: "No es justo que me hayan dado esta responsabilidad". Pero mi respuesta sería: "Bien, usted la eligió, así que haga lo mejor que pueda."

Si no hay mucha diferencia de edades, es natural que los hermanos experimenten algo de rivalidad. El primer hijo ha sido "el rey o la reina de la casa" y de repente un pequeño extraño llega y acapara toda la atención. Mientras que esta situación puede engendrar resentimiento y celos, el modo en que los padres la manejen aliviará el problema enormemente. Nunca menosprecie el hecho de que no importa qué tanto se esfuerce en ocultarlo, los niños saben quién prefiere a quién. En mi caso, yo era la favorita de mi padre y mi hermana Sharon era la favorita de mi madre.

Aun cuando había algo de rivalidad entre Sharon (quien es seis años menor) y yo gracias a nuestra madre, terminé siendo la protectora de mi hermana. Aprendí desde muy pequeña que mi madre tenía una terrible oscuridad a su alrededor, así que yo solía intervenir por Sharon, como ella puede atestiguar hoy en día. Nada une más a los seres humanos de cualquier edad que las adversidades.

Las hermanas pueden crecer especialmente unidas en una familia amorosa que no tiene preferencias. No es nada divertido cuando la hermana usa la ropa de la otra sin preguntar, descompone la habitación o rompe sus muñecas, pero si puede pasarlo por alto, descubrirá que cuenta con una maravillosa amiga que la conoce mejor que nadie y que comparte la historia de su vida como nadie más.

La relación entre hermanos puede ser algo engañosa porque están lidiando con el ego masculino, el cual por instinto desea "gobernar el gallinero".

Paul, mi hijo mayor, se mantenía aislado y se guardaba sus preocupaciones. Intenté quebrar este caparazón, pero finalmente me di cuenta de que era su manera de lidiar con la vida. Mi hijo menor es más abierto y lo que sea que le moleste saldrá de inmediato (y es generalmente alimento para mis oídos). Mis hijos solían ser un poco rivales, pero gracias a Dios lo superaron. Sin embargo, no fue fácil criar a dos hijos de 1.98 metros de altura y *muy masculinos*. Definitivamente, tenían sus propias personalidades y nunca estaban tan cerca como para adoptar los rasgos del otro, aunque conforme van creciendo veo en ellos muchas similitudes. Pienso que la diferencia la constituye los seis años que los separan, pero conforme pasa el tiempo, se cierra la brecha de sus personalidades.

Le agradezco a Dios cada noche que ambos son muy espirituales. También son honestos y trabajadores y creen en el compromiso, en la lealtad y en la gratitud. Sí, tienen sus fallas, como todos. Se enfurecen con facilidad, pero también se perdonan rápido (me pregunto de dónde lo sacaron). Pueden ser necios y, aún así, sorprendentemente generosos. Paul es como yo, más espontáneo, mientras que Chris es más lento para reflexionar y llegar a una conclusión. Sin embargo, Chris es psíquico, mientras que Paul no lo es, aunque tiene una gran habilidad para la intuición.

A propósito, todos los niños son psíquicos, sólo que no les prestamos la debida atención ni fomentamos sus habilidades. Como me gusta decir, Dios nos dio a todos y cada uno de nosotros un "celular para llamar a casa", pero la sociedad, la cultura, e inclusive algunas religiones lo destruyeron. (Jamás lo he comprendido. Si hay profetas en

todas las religiones, ¿por qué Dios de repente dejaría de crear personas que pudieran predecir eventos futuros?)

⊷◈⊶

Hermanos y hermanas pueden tener un lazo muy fuerte, igualmente aquí estamos lidiando con una relación de sexos opuestos. Sin importar quién haya nacido primero, la hermana suele adoptar el papel de segunda madre, mientras que el hermano toma el de protector. Lo he visto con mis propios nietos, pueden pelear, pero cuando uno se lastima, el otro queda inconsolable. Cuando un perro mordió en el labio a mi nieta Angelia, el personal del hospital creyó que tendría que sedar a Willy, su hermano menor. Estaba gritando en la sala de emergencias: "¡Alguien ayude a mi hermana!"

El amor conquista todo con los hermanos. Sí, pueden pelear como perros y gatos, pero deje que uno se lastime y el otro estará ahí para ayudar, o para prodigarse en compasión. Es verdad que la adversidad atrae el amor a primer plano, pero es una pena que no tenga tendencia a permanecer. Si uno pudiera recordar lo que sintió cuando uno de sus hermanos estaba en problemas y lo trasladara su vida diaria, las relaciones se tornarían increíblemente sólidas.

### *Miembros de los parientes consanguíneos*

Las tías, los tíos y los primos componen los parientes consanguíneos. Ellos pueden ser parte de su cultura, educación e historia, por genética y por contribuir con su legado. Nuestra familia es pequeña, así que mis hijos sólo tienen dos primos varones. Angelia y Willy, por otro lado, tienen muchos primos ya que su madre, Gina, tiene una gran familia y muchos hermanos. El hijo de Paul, Jeffrey, únicamente tiene dos primos, pero me encanta el hecho de que todos mis nietos disfruten de la riqueza de la familia. Les da un sentido de continuidad, estructura e incluso seguridad.

Si es afortunado y cuenta con una extensa familia, cuando ocurra una tragedia, podrán unirse como lo hacían en tiempos ancestrales, para ayudarse mutuamente en las horas de necesidad. Esta es una de las bendiciones que la vida nos puede traer. Recuerdo una ocasión en que toda mi familia fue a Cabo San Lucas en vacaciones. Se aproximaba un huracán y estábamos refugiados en nuestras habitaciones con las ventanas cubiertas de cinta adhesiva como medio de protección. No podíamos salir, pero jugamos y filmamos a los nietos conviviendo, hablando y riendo. Conversamos sobre todo tipo de temas, con los niños participando, y sentimos que fuimos parte de algo que podía ser peligroso (el huracán) pero emocionante. La tormenta no golpeó tan fuerte, pero recordamos aquel día como un momento especial de nuestro viaje.

Disfrute de los buenos momentos (escuche, atienda y cuide a sus seres amados) y si tiene mucho por hacer, déjelo. Sus labores siempre pueden esperar, pero no así el tiempo perdido. Se cae por un abismo y jamás podrá recuperarlo.

❧

Claro, hay ocasiones en las que no todo funciona con los miembros de su familia. Puede ser que sean sencillamente "malas semillas"; pero sin importar si se trata de los padres, hijos, hermanos o primos, debe bendecirlos y alejarse. Esto no está mal; simplemente, le deja a Dios la

situación y se aparta por su propia conveniencia, así como para evitar su influencia en otros que usted ama.

Nadie desea exponer a sus hijos a parientes que son adictos a las drogas, mentirosos, estafadores o algo por el estilo; familia o no, no pertenecen al círculo que usted intenta proteger y convertir en un refugio seguro y espiritual. Por ejemplo, nunca permití que mis hijos se acercaran a mi madre a menos que mi padre o yo estuviésemos presentes, porque yo no quería que ella ejerciera el mismo abuso en ellos que con mi hermana y conmigo. Así que tiene que proteger a sus seres amados, aún de sus supuestos familiares consanguíneos. Aunque, recuerde, que en vez de cargar con esto como una insignia de dolor, debe usar esta experiencia para mejorar y ser más eficaz al evitar a sus familiares daños físicos y agravios mentales.

Por su propio crecimiento espiritual, deje a estas personas y encuentre su propio oasis de amigos que pueden integrar una familia tan válida como la que tendría con los parientes sanguíneos. Y en el proceso, tenga en mente todo el aprendizaje, la paciencia y la tolerancia que ganó con ello. No es una coincidencia que las relaciones lleguen a usted como una gran cacerola de estofado; cada ingrediente le sirve para enseñarle sobre la compasión e incluso la supervivencia.

# Capítulo cuatro

# PAREJAS SENTIMENTALES

En mis más de cinco décadas como oradora, me he encontrado con ciertos aspectos en común en todas las relaciones. Por ningún motivo he estado, o he pretendido estar, por encima de los psicoterapeutas profesionales (aunque he recibido muchísimas recomendaciones de ellos); más bien, me gusta sentir que soy una servidora de la sociedad. Lo que sí sé (y escuchará mi insistencia sobre este punto) es que si la espiritualidad no forma parte de su vida, todas sus relaciones están condenadas.

Verá, todos necesitamos darle significado a la vida. Muchos de nosotros podemos identificarnos con la cantidad de dinero, las posesiones, el éxito en los negocios o el poder que tengamos, y al final encontrarnos vacíos. La fórmula sencilla es vivir para Dios y para nuestros semejantes en el viaje de la vida. Al hacerlo, nos convertiremos en portadores de luz y esperanza para el mundo..., y ahí radica el verdadero logro del amor en todos sus aspectos.

En cuanto se refiere a las parejas sentimentales, he notado que quienes tienen éxito tienen lo que llamo: "el efecto pirámide". En otras palabras, los dos involucrados se adoran uno al otro, pero también aman a Dios y

sostienen una fuerte creencia en su religión o en su crecimiento espiritual. Estas relaciones deben estar basadas en la conexión entre Dios y la pareja o, simplemente, no funcionarán.

### Amor <u>verdadero</u>

La literatura está repleta de toda clase de amantes: Dante y Beatrice, Abelardo y Eloísa y Romeo y Julieta. La poesía ilustra muchos casos de pasión y amor perdidos. Por ejemplo, el poema de Alfred Noyes "El salteador de caminos," en el que el protagonista asalta las carrozas que viajan por los caminos; y su amor, Bess, ofrece su vida para advertirle cuándo llegan. Y, por supuesto, uno de los más hermosos versos de todos los tiempos proviene de Elizabeth Barrett Browning, *Sonetos del portugués:* "¿Cuánto te amo? Déjame contar las maneras". Aún cuando en la vida real ella y su esposo, Robert Browning, no tuvieron una relación ideal, pues ella era muy débil y a él se le iban los ojos por las mujeres.

Ahora, lo último que pretendo transmitir aquí es cinismo, pero hay una gran diferencia entre los romances irreales que nos presentan y lo que enfrentamos en nuestra propia vida. Sí, me han quitado el aliento y he escuchado las campanas y acordes de la pasión, pero cuando todo acabó, no se compara con cómo me sentí cuando acuné a mis hijos y a mis nietos, mimé a mis animales y abracé a mis amigos.

Mientras estaba pasando por mi último divorcio, un día sentada en mi habitación llorando, entró mi nieta. Intenté recuperarme con presteza, pero Angelia fue tan lista que corrió, me abrazó y dijo: "Te quiero, Bagdah" (como solía llamarme). Pensé: *¿Qué puede superar esto?* De inmediato me recordó que el amor verdadero es puro y espiritual.

El amor debería ser una entidad en sí misma e incondicional, aunque al parecer los humanos hemos puesto normas y reglamentos en todo: "Si haces esto, te amaré... ¡pero si no, no!" Eso no es amor, es control y manipulación, y aquellos que supuestamente nos importan se sentirán reprimidos y limitados. Como una vez le dije a mi audiencia en *Montel:* " De ninguna manera las relaciones deben ser difíciles. Si lo son, algo anda mal".

Tenemos también tendencia a desear lo que no tenemos, y cuando lo obtenemos, con frecuencia lo saboteamos. La sencilla razón de nuestra infelicidad es que no nos conocemos a nosotros mismos, o no sabemos lo que buscamos. Todas nuestras dudas, preocupaciones e inhibiciones pueden evitar que amemos a alguien o que seamos parte de su vida. Ser nosotros mismos realmente, requiere romper todas las limitaciones que nos hemos impuesto (o que permitimos que nos impusieran). Y si enfocamos nuestra energía en el exterior, hallaremos el amor.

Puesto que el amor es la fuerza de Dios, debería emanar algo de Él en cada encuentro. Verá, ningún amor se pierde cuando lo entrega incondicionalmente, porque servirá para algo o alguien, y se deleitará en su gloria. Aunque no pueda ver sus efectos, dicha energía encontrará su camino de regreso hacia usted; como un super pegamento, algo del amor que ha entregado se fija en su objetivo *y* en su alma por siempre.

Puede comprobarlo usted mismo, especialmente si es tímido. (Mucha gente no imaginaría que soy tímida con las multitudes porque aprendí este truco desde muy temprana edad.) Lo que puede hacer es acudir a un sitio o grupo en donde no conozca a nadie. Siéntese en

cualquier lugar, aunque sea en una esquina y elija a una persona a la vez. "Refleje" su amor pensando *Te amo,* y siéntalo con honestidad porque esa persona es parte de Dios. Antes de lo que se imagine, la gente casi milagrosamente comenzará a acercársele. Ahora, no me malentienda: hay personas que usted no deseará atraer; pero en su mayoría, el amor le traerá bienestar porque *es* bueno.

De igual manera, si está ansioso por tener una relación con alguien, ya sea con algún miembro del sexo opuesto o con una amistad, su emanación eléctrica o "aura" será de un grito desesperado. Esto entonces lo sienten las almas con las que tiene contacto, y se apartan o se alejan. Todos hemos estado cerca de personas así, y podemos recordar al instante cómo nos sentimos repelidos o agotados por tal comportamiento. Permítame darle un ejemplo de lo que quiero explicar. Los viernes solía ser la noche de parranda de las mujeres en Kansas City (imagino que sigue siéndolo en muchos lugares), y cinco o seis de nosotras íbamos en mi auto a bailar o a una fiesta. Mi amiga Sue no faltaba nunca, y cada vez que salíamos, comenzaba: "Espero *conocerlo* esta noche." Todas sabíamos que se refería a su "gran amor". La peor muestra de ironía era que no solamente *no* llegaba a conocer a nadie, ¡sino que nadie la sacaba a bailar! Era una chica en verdad atractiva, pero su aura gritaba: ¡¿Habrá alguien aquí que me ame y que se case conmigo?!

Con frecuencia, un amigo mío se encontraba con nosotras en los bailes, y en una ocasión le pregunté por qué creía que nadie quería bailar con Sue. Se encogió de hombros y simplemente dijo: "Me pone nervioso. Siento que quiere algo de mí que no puedo darle". Intenté hablar con Sue acerca de esto, pero sin resultado. Finalmente encontró a un bravucón y han estado infelizmente casados por más de 40 años. Por supuesto, ella no se da cuenta que obtuvo lo que quería o lo que necesitaba. Es una buena persona, pero debido a la falta de valor concedido a su propia alma, por desgracia, "malbarató sus mercancías" (como mi abuela solía decir).

## Aprendiendo de los obstáculos en el camino del amor

No es cinismo decir que las únicas constantes en la vida son la espiritualidad y Dios, porque los seres humanos siempre nos decepcionan. Sin embargo, hay personas que han estado casadas por más de 70 años y hay amistades que duran toda la vida. *Mis* matrimonios no duraron, pero sí mis amistades. Durante toda la vida hacemos concesiones; lo importante es cómo las manejamos.

Es posible que halle un poco deprimente lo que voy a decirle, pero escuche y dígame si no resuena con su alma. La vida es básicamente un largo viaje que usted soporta en soledad, y el resultado de dicho sufrimiento es lo que lo hace crecer. Termina aprendiendo el verdadero significado de lo que trata la existencia, y encuentra qué tan importantes son las relaciones con usted mismo y con Dios. Sí, es difícil, pero si se esfuerza por mantener la alegría en su corazón, por lo menos tendrá la satisfacción de saber que está completando las lecciones que harán crecer su alma.

Si siente amor, compasión y afecto, definitivamente disfrutará las relaciones que le proporcionen felicidad a usted y a los demás. Por ejemplo, cuando estaba dando clases con las monjas, noté que mientras ellas llevaban vidas que otros verían como confinamiento, también formaban grandes amistades mutuas y sentían una gran paz interior. (Yo misma pude crear una amistad de por

vida con la Hermana Williams, quien aún vive en Kansas City y asiste a mis conferencias en esa ciudad.) Los sacerdotes tienen mucha más libertad; no voy a meterme con los llamativos titulares de lo que han hecho algunos miembros del clero porque los que yo conocí fueron maravillosos y compasivos.

Recuerde que lo que percibimos no siempre es la verdad. Tome a las celebridades, por ejemplo. Mientras que la mayoría puede creer que llevan vidas atractivas y libres de penas, de primera instancia puedo decirle (sin nombres, por supuesto) que con frecuencia son bastante desdichados con lo que se supone: es "todo lo que alguien pudiera desear." Tienen problemas igual que usted.

Su ser interior y sus prioridades le darán la libertad. Lo que piense y sienta de sí mismo se convierte en la verdad, y otros notarán que hay una bondad natural en su alma. Si demuestra alegría y gusto por la vida, los demás querrán estar con usted debido a que el ojo interior de su alma, reconocerá su verdad y el resplandor de compasión. El punto clave es preguntarse lo siguiente: ¿Es usted el tipo de persona que otros quieren tener cerca, o aún más importante, es alguien *con quien usted* quisiera estar? *Relacionarse* significa no mentirse a usted o a otros, ni que los demás determinen la manera en que usted se sienta. Si es amable y considerado, tendrá muy buenas relaciones con quien quiera que conozca. Sin embargo, también tiene que ser selectivo, porque hay pocas cosas peores que tratar de cambiar o enmendar a alguien. Si usted y su pareja no pueden aceptarse el uno al otro, entonces se ha topado con una pared, y es hora de bendecirlo o bendecirla y alejarse. El amor perdido casi nunca puede recuperarse; no si en realidad jamás existió, en primer lugar.

Como dicen, es fácil saber qué pasó una vez que uno observa el pasado; aún me encuentro a mí misma recordando relaciones fallidas de vez en cuando, dándome cuenta que no vi lo que era obvio, lo que prácticamente estaba trazado con tinta indeleble. Claro que decirse a sí mismo lo estúpido que fue no le lleva a ningún sitio; así que no caiga en la trampa. Si usted es confiado, no es celoso, no se le van los ojos hacia el sexo opuesto ni ha pensado en tomar lo que no es suyo, entonces, ¿qué le hace pensar que alguien no pueda ser como usted?

Por ejemplo, no fue sino hasta después de mi divorcio, que comencé a escuchar historias, que en verdad me aterraron, acerca de mi último esposo. Su crueldad había llevado a muchos a la enajenación; además, se presentaba a sí mismo como si estuviese hablando por mí. Tras su partida, mis seres queridos y yo nos sorprendimos al comparar recuerdos de sus decepcionantes actos. No podía tolerar mi desempeño en mi trabajo y con mi familia, pero amén...: seguí adelante y viví mi vida. Pude reprenderme a mí misma por no verlo; pero, como he dicho en varias ocasiones, si fuera psíquica de mi propia vida, sería perfecta, ¿verdad?

Podrá preguntarse: "Sylvia, si tuvo tan malas experiencias, ¿cómo puede decir qué es bueno y qué funciona?" Y bien, porque he aprendido de dichas experiencias negativas: me condujeron a comprender lo que es significativo e importante en nuestras conexiones. Como una vez le pregunté a mi guía espiritual Francine: "¿Por qué he tenido que sufrir tanto en mi vida?"

Me respondió: "De no ser así, ¿cómo sabrías la manera de identificarte con los demás y ayudarles?"

Le contesté: "Tal vez sólo pude haberlo leído". Pero me aseguró: "No; tenías que vivirlo".

No creo que alguien que haya tenido una "vida perfecta" podría comprender a los demás cuando atraviesan momentos difíciles. Uno tiene que haber estado en el

hoyo para sentir su dolor... y les puedo asegurar que sé lo que es estar en ese hoyo.

Cuando se encuentra en una situación difícil, la gente suele decir: "Pero, si no me quedo con esta persona, puede que no conozca a nadie más." Yo digo que es mejor estar solo que en una relación basada en abusos, odio y humillación que lo lleve a uno a un abismo oscuro de desolación.

Después de aprender una difícil lección de vida, el tiempo pasa y la pena *termina* por ceder, y es cuando puede redescubrir la alegría. Le prometo que si siente dignidad y amor por usted mismo, vivirá para amar nuevamente. Por darle un ejemplo: actualmente, tengo una pareja en mi vida, un ser cariñoso y afectuoso, que no me exige nada y se regocija con mi éxito, cualquiera que sea. También sabe que mi verdadero romance es con la humanidad, con Dios, con mis amigos y con mi familia.

### Obstáculos en la relación

El dinero puede causar más problemas de lo que la gente cree. No se trata sólo de "competir con los vecinos," sino de compararse con ellos e intentar superarlos, *a todos*. Así que muchas veces cuando la gente lo conoce, de inmediato desea saber a qué se dedica, cuánto gana, en dónde vive y qué auto conduce. Incluso en anuncios personales, nueve de cada diez mujeres expresarán que están buscando a un hombre rico o "económicamente estable". Es casi como si en realidad quién es usted como persona fuera menos importante que la riqueza que posee. Y siendo realmente honesto consigo mismo, se dará cuenta finalmente que "las cosas materiales" no lo identifican y nunca lo harán. En otras palabras: *Cuánto tienes, cuánto vales*; mejor que éste no sea su punto de partida en la búsqueda de una pareja, o terminará con el corazón destrozado.

No me malinterprete, estoy convencida de que Dios desea que seamos felices y exitosos, pero con frecuencia me pregunto cuántos autos podríamos conducir, en cuántas casas podríamos vivir, cuántas joyas y prendas podríamos usar y cuántas cenas elegantes podríamos disfrutar. Basta ya, el exceso es un dolor de cabeza estresante. Aunque suene bastante raro, los clientes de mis sesiones psíquicas que son muy adinerados, no son felices. Temen perder su fortuna o que los demás los amen únicamente por lo que poseen (lo que es aún más triste). Por supuesto, deberíamos esforzarnos por tener éxito y prosperidad económica, pero siempre haciéndolo por nosotros mismos y para Dios.

Si usted tiene dinero, utilícelo como debe ser: una herramienta para ayudarse y ayudar a otros en el bien común. Existe una gran diferencia entre vivir cómodamente y ser desenfrenado. Gastar un millón de dólares en un inodoro de oro macizo es un lujo excesivo, especialmente cuando piensa en cuántos niños podrían alimentarse con ese dinero. Y sin importar qué tan adinerado sea, si su alma no está bien centrada y equilibrada, caerá en la miseria. Irá tras el alcohol, las drogas, la comida, el sexo, el trabajo u otras satisfacciones externas, para llenar el vacío que debe nutrir sólo con su propia esencia.

-◄o►-

No entraré en las miles de diferencias que existen entre hombres y mujeres, pero de todas mis sesiones psíquicas durante todos estos años, he podido formarme un criterio que invariablemente ha demostrado ser acertado. La mayoría de las mujeres, por ejemplo, no pueden creer en el hecho de que los hombres son iguales de sensibles a nosotras (si no más). Sus egos son mucho más frágiles que los nuestros, es por eso que vemos a tantos hombres tratando de compensar con autos, profesiones o cualquier cosa, el hecho de que ya no les sea posible salir de cacería.

Aún de pequeños, sus padres les advierten: "No llores, sé hombrecito". Esto está cambiando, pero durante muchos años les enseñaron a los pequeños a no actuar como bebés, mientras que las niñas podían llorar y las abrazaban si se lastimaban. También me he encontrado con que los hombres inicialmente caen en la lujuria, mientras que las mujeres se enamoran más rápido. Esto es porque a las mujeres se nos permite amar y mostrar afecto abiertamente, incluso hacia otras mujeres.

Además, muchos de nosotros crecimos con programas televisivos como *La familia Brady* o *Dejáselo a Beaver,* haciéndonos creer en la vida familiar perfecta: la esposa mantenía la casa inmaculada, el esposo estaba siempre involucrado en la crianza de los hijos, y los padres se amaban locamente. Hasta las series cómicas actuales, que supuestamente son más "reales", proyectan una imagen irreal en la que todo se resuelve en un lapso de 30 minutos. La vida no siempre imita al arte o viceversa, y no podemos diseñar nuestras vidas a partir de ninguna relación basada en "castillos en el aire". *¿Por qué no puedes ser más como fulano de tal?* es denigrante. No podemos ser alguien más que nosotros mismos, y eso incluye algunos defectos; así que la sensibilidad y el ego del varón, así como la "ilusión de Cenicienta" que parece yacer profundamente en la mujer, están bien (mientras se lleven más allá de toda realidad).

Si estamos conscientes de las diferencias de género, nuestras expectativas no serán tan elevadas ni se derrumbarán porque no nos entendamos mutuamente. *El compromiso* también es algo maravilloso y algunas frases pueden ayudar desde el punto de vista masculino y femenino. Recuerde decir: "Entenderé que eres sensible y lo honraré al no reprimirte verbalmente" y "no te denigraré diciéndote que eres una mala esposa o madre, porque sé que te estás esforzando al máximo."

Todos tomamos decisiones que podríamos considerar inapropiadas, pero sencillamente ignoramos que lo que aprendimos de ellas es, en realidad, lo que las convierte en *buenas* decisiones. Por eso muchas veces recordamos y fantaseamos acerca de cómo sería nuestra vida de habernos quedado con Joe o con Susan o con quien sea. Bien, simplemente, no estaba escrito en nuestros destinos de esa manera. También encuentro gracioso el hecho de cómo la mente nos juega su cruel truco cuando tendemos a recordar sólo los buenos momentos, y a olvidar por qué las antiguas relaciones no funcionaron en primer lugar. Comparar o ser comparado a un fantasmagórico recuerdo, es injusto y cruel.

Esto sucede a menudo tras la muerte o un divorcio; parece que recordamos únicamente los buenos tiempos más que las decepciones o los pleitos. Y entonces llega la culpa: *Si hubiera hecho esto o aquello, él no se hubiera marchado; o si yo hubiera sido de tal o cual manera, ella aún estaría aquí; o si yo hubiera estado ahí ese día, él no habría muerto; o no tuve oportunidad de despedirme de ella;* y la letanía sigue y sigue. De nuevo debo enfatizar que todo esto estaba escrito en su destino para que sucediera exactamente como sucedió. Vivir en el pasado no sólo es deprimente, sino que en realidad es una verdadera causa perdida.

Es lo mismo que estar casado pero deseando estar con alguien más. He visto muchas veces que el césped del vecino *no* es más verde; en realidad, está quemado. Sería mejor buscar a conciencia su propia alma, al igual que su ética y su moral, antes de comenzar un romance y dejar varias vidas hechas pedazos. A algunas personas les gusta involucrarse sentimentalmente con personas casadas ya sea porque se sienten más seguras o porque disfrutan de retar al ego; de cualquier manera, es un territorio peligroso en el aspecto espiritual. No estoy diciendo que estar con personas casadas sea siempre malo, pero el motivo es lo que marca la diferencia. No mire la vida de los demás para mejorar la suya... eso es algo que sólo usted puede lograr.

Hay mucho qué decir acerca de la premisa de que jamás se podrá romper un matrimonio feliz. Por ejemplo, después de ser capaz de dejar a Gary, mi primer y abusivo esposo, Dal, mi siguiente esposo, también estaba separado, y nos casamos dos años después. No estoy diciendo que Dal y yo hicimos lo correcto en el manejo de nuestras cosas, pero nuestras relaciones habían terminado mucho antes de convertirnos en pareja. El momento adecuado, el motivo y nuestro propio sentido espiritual de lo correcto y de lo incorrecto nos guió hasta aquí, y todo resultó bien para las partes involucradas.

### El matrimonio y la moral

Deseo tomarme un momento en este punto para hablar de lo que el mundo moderno le ha hecho al sacramento del matrimonio. Conforme nos hemos vuelto más "civilizados", parece que el matrimonio no es visto con el respeto que guardaba en el pasado. La tasa de los divorcios aumenta, y la mayoría de la gente no ve tan infame al divorcio como antes. Cuando dejé a mi primer esposo, hubo cierto sentimiento de fracaso vinculado a la ruptura del matrimonio. Además, en ese entonces yo profesaba el catolicismo y jamás se había divorciado nadie de mi familia. Así que me señalaron por mis creencias religiosas, morales y éticas, y me atemorizaba ser el escándalo de la comunidad.

La gente se sorprendía al escuchar que me estaba divorciando, porque soy muy discreta con mi vida privada, y en realidad era mi intención mantener ocultos el abuso físico y psicológico. En esos tiempos, se mostraba un rostro feliz al mundo hasta que se daba uno cuenta que estaba viviendo una mentira; y, además, la moral que prevalecía en la época en la que crecí era permanecer casado sin importar la situación. La independencia de la mujer en verdad no era promovida en el Medio Oeste de los Estados Unidos a finales de los años cincuenta y principios de los sesenta.

Incluso cuando volví a Kansas City para mi reunión de estudiantes hace algunos años, ¿creerá que yo era una de las dos únicas personas (de *125* estudiantes) que se habían divorciado? No es mi intención discriminar a ningún estado, pero ya que viajo y hablo con tantas personas por teléfono en todo el país, me encuentro con que la tasa de divorcio en las zonas costeras es más alta que en las zonas centrales. ¿Será porque hay mayor tentación y estrés en la costa o en las grandes ciudades, lo que conlleva a la insatisfacción personal? Muchas veces por nuestra propia inseguridad, nos complicamos la vida más de lo necesario (especialmente si comenzamos a buscar a otras personas para llenar nuestro vacío).

Ahora es más común encontrarse con personas que se han divorciado y abundan los padres solteros. ¿Acaso será porque la gente en general no tiene tiempo para cultivar una relación afectiva? ¿Estamos tan ocupados ganando dinero como para sentir y amar de la manera en que deberíamos?

La moralidad ha sido algo más bien cíclico. Por ejemplo, en la década de los veinte era fiesta, fiesta, fiesta, en reacción a la Prohibición que se promulgó en 1919. Los valores familiares eran más fuertes en la década de los cuarenta y hasta los cincuenta, y entonces el *rock and roll* llegó y todos creyeron que sería el declive de nuestra juventud. Aunque la demostración pacífica por el cambio estuvo en auge en determinados grupos en los sesenta, también surgieron el *amor libre* y *la cultura de las drogas*, y nuevamente los moralistas creyeron que nuestra juventud se había ido directamente a la perdición. La gente suele olvidar lo positivo que surgió de estos años, tal como el movimiento de los derechos civiles y el eventual cese de la guerra en Vietnam.

Luego llegó la era en que nuestra atención giró de Estados Unidos hacia el mundo, y personas como el presidente egipcio Anwar Sadat ayudaron a traer el cambio global en los setenta. Aunque la Guerra Fría había tenido lugar desde finales de la Segunda Guerra Mundial, Rusia también estaba cambiando y con el tiempo se volvió una democracia en los años noventa. En este momento, el enfoque de Estados Unidos giró hacia el Medio Oriente y Bosnia. En estos días, los conflictos alrededor del mundo van en aumento y el terrorismo es la nueva realidad con la que todos tenemos que lidiar.

Ahora observamos un resurgimiento de los moralistas dirigidos por el partido Republicano, y que esto sea algo bueno o malo en realidad no es el punto, porque la moralidad llega y se va igual que las estaciones del año. Solíamos ser capaces de lidiar con los problemas cotidianos con mayor aplomo porque estaban bien localizados, pero con el negativismo expandiéndose como un fenómeno mundial, nuestros niveles de estrés se han vuelto abrumadores. Desde aquel 11 de septiembre, han aumentado al punto en el que *todos* estamos involucrados, y no estamos manejando bien el estrés, especialmente en las relaciones personales.

Parte de la culpa está en la tecnología, porque hoy nos enteramos de todo al instante (y con descripciones e imágenes muy gráficas). Nos estamos comenzando a sedar contra la violencia, la muerte y otras horribles atrocidades que se están llevando a cabo en el planeta. Se preguntará a dónde voy con esto. Bien, todo este estrés, inhumanidad y apatía nos han afectado al punto en que somos más descuidados, insensibles y tenemos más prejuicios que nunca antes. Si no tenemos cuidado, nos volveremos como los animales que pelean hasta por el último hueso.

Esto lo arrastramos a nuestra vida personal y a nuestras relaciones. Los que usan turbantes son considerados enemigos y se les ataca sin motivo, y nos volvemos más desconfiados creando barreras a nuestro alrededor, con los extraños *y* con los seres amados. Estamos exagerando, igual que en el pasado con la reclusión de los estadounidenses-japoneses durante la Segunda Guerra Mundial, la "amenaza roja" de Joseph McCarthy como respuesta al comunismo, el trato injusto a los veteranos de Vietnam y el odio y discriminación antes y durante el movimiento de los derechos civiles. La exacerbación está asomando su horrible rostro una vez más, ahora con el terrorismo.

El mundo sobrevivirá (por lo menos durante los próximos cien años más o menos) y también nosotros como humanos, a pesar de todo el estrés y la congoja que experimentamos debido a nuestra falta de humanidad mutua. Esta supervivencia en parte será debida al despertar de las buenas relaciones con los demás, que es la intención de este libro. Aunque en apariencia esté improvisando, todo lo que digo se relaciona directamente con la manera en cómo convivimos, cómo obtenemos nuestros valores y cómo amamos. Sin amor, no pueden existir conexiones espirituales ni esperanza de felicidad, ni como seres individuales, ni como planeta. Y cada vez que las costumbres de la sociedad dictan quiénes somos, las cosas pueden ponerse peligrosas.

Debemos seguir nuestro corazón y nuestros destinos. Aunque la mayoría de nosotros sigue el camino correcto, con frecuencia nos desconcertamos o nos sentimos culpables si actuamos de acuerdo a nuestros instintos. ¡Pero estos instintos nos recuerdan nuestro destino! Sin embargo, nos confundimos sobre lo que es correcto porque escuchamos lo que dicta la sociedad, en vez de escuchar nuestro centro Divino.

Digamos que usted escribió en su destino que tendría dos hijos, pero luego no está tan entusiasmado con la idea como creyó que estaría, o no resultó ser del modo en que esperaba. Bien, tiene que comprender que la espiritualidad al continuar con su destino programado para Dios, no significa que la vida será un jardín de rosas. Usted completó esa parte de su destino y lo hizo lo mejor que pudo. Así que no fue grandioso, pero con suerte habrá aprendido a dejar ir el pasado sin sentirse culpable. En *todas* las circunstancias, si hace lo mejor que puede, puede alejarse. Ha realizado su trabajo, y ahora depende de los demás continuar con sus propios destinos.

## Algunos consejos

Siempre he creído que la honestidad es el mejor plan de acción, pero también recuerdo lo que el Padre Nadean dijo en nuestra clase de matrimonio cristiano cuando estaba en la universidad. Básicamente dijo que la confesión es por lo general buena sólo para un alma: la de quien se confiesa.

Dicho de otro modo, si está por casarse, ¿es tan importante entregar todos los detalles de su pasado sentimental a su pareja sólo para aliviar su conciencia? Lo que sucedió en su vida antes de conocer a su futura pareja, es *su* vida. De hecho, en muchas ocasiones, desahogar su culpa únicamente lastima a la otra persona y expone una situación de sospecha que no puede eliminarse. Ahora, si un pasado realmente oscuro puede salir a la luz y lastimar la relación, eso es distinto, pero hablar constantemente de sus pasadas conquistas es crueldad, no honestidad. Nadie desea enterarse que no le llega al mismo nivel de alguien que parecía perfecto.

Algunas veces, estas sesiones de supuestas verdades pueden ser beneficiosas, pero deberían ser siempre tratadas con sumo cuidado. Desde el principio debe cuestionarse *a sí mismo* para descubrir si únicamente está mirando un reflejo. En otras palabras, si usted miente, podría creer que otros también lo hacen. Así que si usted es celoso, ¿qué está ocultando o arrastrando de una vida pasada que está haciéndole sospechar de su pareja, especialmente si no cuenta con una prueba concreta? Sólo porque alguien mire a otra persona atractiva no debería provocarlo. Después de todo, su pareja no está muerta y todos deberíamos apreciar la belleza que encontramos en el cuerpo, en la mente y en el alma de otra persona. Por otro lado, nadie quiere que le recuerden sus defectos ni que le digan que no actúa ni luce como fulano. Esto puede estar ocultando una gran inseguridad. Si viene de su propia mente, busque ayuda; si viene de otros, hable con ellos acerca del asunto.

Lo único que veo y escucho continuamente en mis lecturas, es que la gente no sabe desahogarse. *Discutir* es una palabra terrible, mientras que *desahogarse* implica: deseo liberar esto para poder comprender que está mal y dónde ha estado mi error. Si comenzamos a sacar problemas antiguos y gastados, entonces podríamos más bien enterrar nuestras relaciones, porque o están ya muertas, o en el proceso de ser aniquiladas de un modo doloroso y lento. Deberíamos hablar con respeto y firmeza... cuando recurrimos a los insultos y al reproche, denigramos nuestras almas y dejamos a nuestras parejas en la casi imposible posición de defenderse a sí mismos.

No hace falta mencionar que el abuso físico nunca debe ser tolerado en ningún momento ni por razón alguna, porque las palabras crueles también pueden dejar una marca permanente en el alma. Reivindicarse diciendo "estaba tan enojado que no me di cuenta de lo que decía", es un pretexto muy trillado. Si está tan fuera de control, entonces debe haber problemas más profundos que no ha expresado, provocando que sus emociones dominen sobre la razón.

Una vez que se pronuncian, las palabras no se pueden retractar. Por supuesto he estado en situaciones en las que guardar mis verdaderos sentimientos casi provocó que me mordiera la lengua, pero aprendí algo de mi abuela a temprana edad. Me ofreció la analogía de ir volando en un avión con un almohadón de plumas: "Córtalo, deja que las plumas salgan por la puerta, y entonces ve a recogerlas".

Naturalmente, la miré sorprendida y le dije: "Sabes que eso es imposible".

Tranquilamente contestó: "Igualmente es tratar de retractar las palabras de desprecio que dejas salir de tu boca".

—◆◦◦—

Demasiadas personas contraen matrimonio en el período de apasionamiento o debido a un alboroto hormonal de deseo sexual. Deberíamos darnos tiempo a nosotros mismos para conocer a la persona (sugiero que por lo menos un año o dos de estar juntos a lo largo de muchos giros y complicaciones de la vida). Entonces podremos ver a las personas como son en realidad, no de la manera en que se presentan a sí mismas.

Gracias a mis sesiones psíquicas, me he encontrado con gente que se apresura por llegar al altar demasiado pronto por temor a no casarse nunca. Estoy segura de que la razón por la que nos sentimos así es por un asunto pendiente en vidas pasadas. En siglos anteriores, se esperaba que la gente se casara pronto, principalmente porque la esperanza de vida no era demasiado elevada. Las mujeres frecuentemente morían al dar a luz y también había incontables plagas y epidemias de tuberculosis e influenza (que incluso aterrorizó a los Estados Unidos hasta los años veinte). La gente era afortunada si llegaba a los 40 años. El Doctor Zahi Hawass, Secretario General del Concejo Supremo de Antigüedades, me comentó en una ocasión que muchos de los primeros egipcios murieron siendo adolescentes o alrededor de los 20 años, comúnmente debido a abscesos en sus dientes.

Bien, deberíamos liberarnos de este campo morfogenético pasado y esperar a que hallemos a la persona correcta para nosotros. (Aunque pienso que en realidad es una locura esperar a alguien perfecto, si uno mismo no lo es).

Y cuando encuentre a esa persona, tenga en mente que la autosatisfacción y la mediocridad matan cualquier relación ya que engendran desarmonía espiritual. Cuando esto sucede, ya sea que la persona se dé cuenta de manera consciente o no, él o ella comenzará a buscar algo más emocionante. Desde luego se preguntará en un momento o en otro lo que sería su vida sin esa persona, como cuando sueña con un trabajo distinto o con niños mejor portados. Esto es normal... hasta que los sueños comiencen a dominar su vida.

Dar por hecho el cariño de otra persona también mata la relación; realmente, dar *cualquier* cosa por hecho es una situación imposible de ganar, porque es cuando comienza a sentir que usted tiene el dominio sobre algo. Nadie tiene derecho de nada (todo en la vida se gana, y la palabra *gratitud* debería estar a diario en los labios de todos).

El otro día, mi hijo mayor, quien viaja conmigo, dijo: "Mamá, agradezco tanto viajar contigo y de verdad disfruto nuestro tiempo juntos". Esto me alegró el día y quizá el resto de mi vida. ¿Cuánto cuesta decirle a alguien que lo apreciamos? Hacer feliz a alguien o mostrarle confianza dará resultados que repercutirán durante mucho tiempo, y le motivará igualmente a complacer a otros.

Muchas veces puede haber demasiada intervención de los amigos y de la familia en una relación sentimental, y cuando eso sucede, en realidad debe dejar atrás las influencias negativas. Esto no significa que tenga que dejar a las personas amables y solidarias, sino a aquellos que hablan mal de su cónyuge o pareja y tratan de separarlos. He visto que muchos matrimonios se rescatan cuando se alejan de parientes que quieren controlar su vida en pareja, o cuando uno de ellos se aparta de amigos solteros que desean empujarlo de vuelta hacia el mundo de la cacería de personas del sexo opuesto o de las parrandas. Estas son relaciones negativas cuyo efecto puede ser definitivo en la pareja, pero todo resulta bien cuando se tiene la suficiente integridad para rechazar todo aquello o todos aquellos que amenacen su felicidad.

También están las costumbres irritantes que la gente aparentemente no puede tolerar en el otro, las cuales distorsionan un resentimiento existente y más profundo. Muchos de nosotros tendemos a criticar severamente la idiosincrasia de nuestra pareja, en lugar de afrontar el problema directamente. Ya sea disfunción sexual, holgazanería o algún defecto en la personalidad que no queremos enfrentar, podemos volvernos más irritables e inclusive malhumorados. Entonces, o nos comunicamos significativamente, o creamos un problema mayor con el paso del tiempo, ya que nadie desea vivir con una persona autoritaria. Existen riesgos reales inherentes en la comunicación significativa, es por ello que muchos de nosotros la dilatamos o nunca intentamos siquiera llevarla a cabo.

Si está inconforme con una relación, pero desea rescatarla, tiene que asumir las consecuencias y por lo menos intentar comunicarse, o sólo continuará viviendo infelizmente. En muchos casos, el principal temor de la comunicación significativa es si será posible que la otra persona escuche lo que usted tiene que decir, y comprenda lo suficiente para querer realizar los cambios necesarios a fin de que la relación mejore. ¿Qué es lo peor que podría suceder? Él o ella podría enojarse y marcharse o hacer que usted se marche, abusar de usted de algún modo o negarse a escuchar y continuar haciendo su vida miserable. En cualquiera de estos escenarios, es probable que surja el malestar físico o mental, y esta podría ser la razón por la que usted ha estado dudando hacerlo.

Bueno, esta es una decisión que debemos tomar en algún punto de nuestra vida. Le tememos al dolor que pudiese originar esta comunicación "significativa", pero debemos intentar que las cosas mejoren en la relación o

pasarlas por alto, lo que daría como resultado más infelicidad que tendríamos que tolerar.

Sin importar lo sucedido en mi primer matrimonio, de alguna manera fui culpable. Recuerdo como si fuese ayer, haber mirado a mi esposo y decirle: "Tienes razón, todo *es* mi culpa. Y ya que lo es, deseo retirarme para darte tranquilidad". No supo qué decir, pero era la verdad; llegó el momento en que no me importó quién tuviera la razón y quién no, porque simplemente ya no podía soportarlo. En ese punto, era el momento de alejarse. Nadie debe lidiar con el alcoholismo, el abuso físico o emocional, la adicción al juego, a las drogas o cualquier aberración en el comportamiento. Es social, espiritual y moralmente inaceptable.

No hay duda de que todos necesitamos de una pareja, pero también podemos encontrar satisfacción en muchas otras relaciones. Es como el antiguo yin y yang: el yin es femenino y oscuro, mientras que el yang es brillante y masculino, y ambos crean un círculo perfecto. Así que en e-sencia, ya sea con un hombre o una mujer, con un amigo o un miembro de la familia, aún podemos tener el intelecto yang y la emoción yin en nuestras vidas. Cuando los dos se juntan como matrimonio o pareja sentimental, no existe nada mejor. Además, usted puede y debería hacer una lista de lo que desea en una pareja, pero también he dicho que debería hacer una lista secundaria de lo que espera de sí mismo. Cuando me preguntan: "¿En dónde está mi pareja perfecta?" Con frecuencia respondo: "Está bien y es bueno desearlo, pero ¿es *usted* perfecto?"

Sé que sueno insistente con esto, pero en tantas ocasiones buscamos tanto la relación suprema que bloqueamos al resto del mundo. Cuando nos enfocamos demasiado en una sola persona, el resto de nuestra vida se nos va suplicando, y terminamos sintiéndonos solos y abandonados.

Estoy convencida de que: o anhelamos el Más Allá (en donde tenemos amor perfecto), o bien nos enseñaron por medio de las novelas y el cine a esperar un falso sueño romántico. Y bien, no venimos a la vida tan sólo para eso. Venimos para existir en un estado de *prodigar* amor, no de recibirlo siempre.

# Capítulo cinco

# Otros seres queridos... en la Tierra y en el Más Allá

*A*demás de las personas que construyeron la base de nuestros primeros años, ¿qué hay de los amigos queridos que conocemos luego en el camino de la vida? Algunas personas me han dicho que después de terminar la escuela, tuvieron dificultades para hacer amigos. Y bien, para tener amigos usted debe *ser* un amigo. Por fortuna, nunca dejamos de conectarnos con otros seres humanos que enriquecen nuestras vidas.

Existen aquellos con quienes hemos compartido la vida, caminado juntos a través de años de alegría y adversidad. Por ejemplo, conocí a Mary Margaret Ryan en la primaria y hemos sido amigas durante 61 años. Aunque he vivido en California por más de dos décadas, Mary Margaret y yo siempre hemos estado en contacto a través de tarjetas, llamadas telefónicas y visitas mutuas. Nos encanta hablar de los viejos y dulces tiempos, en los que podíamos caminar hasta los museos, montar obras de teatro e incluso robar algunos besos a los chicos en el parque... y correr a casa riendo.

Los amigos son obsequios invaluables. Además de Mary Margaret, también conservo otras diez amigas que dejé en Kansas City. Hace poco regresé y fui a cenar con mis viejos amigos Mag y Joe. Estuvimos recordando a mi abuela, a mi tío y a mis padres, y Joe me dijo que aprendió todo lo que sabe acerca de los negocios gracias a mi padre... ¿Qué precio pueden tener tales reconocimientos y recuerdos? Tras la cena, nos quedamos hasta tarde hablando de las monjas que nos dieron clases, de las relaciones que tuvimos y de los seres amados que ya se han ido. Esa tarde llevé conmigo un gran sentimiento de historia, junto con una sensación de lealtad y compromiso.

Ser identificado por su historia, sus alegrías y sus tristezas no es ser dependiente; en su lugar, los viejos amigos simplemente resaltan quién es usted y de dónde proviene. Como mi amiga Paula me dijo en una ocasión: "Sylvia, todos nos sentimos parte de ti cuando estás en televisión y a través de lo que escribes". Tomé su hermoso rostro en mis manos y le dije: "Querida Paula... y lo son, querida". Cuando me fui de Kansas City, pensé que dirigirme a esta tierra extraña de California significaba el término de las buenas relaciones. ¡Qué equivocada estaba!

Comencé dando clases en el Colegio San Alberto el Grande en Palo Alto, California, y empecé a hacerme amiga de las monjas y de algunas de las madres en la asociación de padres y maestros. Luego me inscribí en la escuela nocturna de la Universidad de Notre Dame (que estaba relacionada con la Universidad de San Francisco) para obtener mi maestría. Ahí conocí a uno de los amores de mi vida: el brillante y maravilloso profesor Robert Williams, quien me enseñó lo que es la verdadera amistad. Aunque era homosexual, me enseñó que el amor no tiene que ser sexual. Solía llamar a lo que compartíamos un "orgasmo mental", y eso era en realidad. Me fascinaba tener estos festines intelectuales y gloriosos con mi querido amigo.

Hablábamos de literatura, de política y de religión; además de mi habilidad psíquica, en la que nunca dejó de creer. Y una ocasión mientras conducíamos, me dijo: "Sylvia, nunca me has presionado o preguntado por qué camino de este lado de la calle".

Sabía a lo que se refería y le aseguré: "Lo sé, y no me importa. Simplemente te amo". Tomó mi mano y la besó; no era necesario decir nada más, ya que todo estaba sobreentendido.

El tiempo que pasé con Bob fue uno de los más emocionantes y estimulantes de mi vida. Tenía un sentido del humor incomparable, y como también lo tengo, reíamos hasta correr al baño. Durante este tiempo me familiaricé con la comunidad homosexual de San Francisco, todos ellos en verdad revelaron ser amables y graciosos. Bob me involucraba en todas sus conquistas y me presentó a sus amigos. (A Enrique, Joey, David, Dennis y tantos otros, ¡muchas gracias por su amor y su amistad incondicionales!)

No deseo aparentar que nuevamente estoy improvisando pero, pude presenciar cómo estos hombres se mantenían juntos, se ayudaban unos a otros y se cuidaban cuando uno de ellos se enfermaba. Esto ocurría en los primeros días de la epidemia del SIDA, que en aquel tiempo sólo se llamaba: "el cáncer homosexual".

El caso es que mis amistades son variadas y pertenecen a diferentes sexos, razas y credos. Todos deberíamos sentirnos afortunados al tener un grupo de amigos de diferente origen, color y religión, porque esto nos enriquecerá. Creemos que el tiempo, la edad y el espacio nos separan, pero no es así: *todos* sentimos amor, alegría, dolor, compasión y todo lo demás.

Aun cuando continuaba diciéndole a Bob que no estaba preparada para dar a conocer mis habilidades, tras su muerte en Australia (luego de recomendarle que no fuera), inicié la Fundación Nirvana para la Investigación Psíqui-

ca. Fue uno de los períodos más difíciles de mi vida, pero en realidad comencé con esta organización en su memoria. Sí, sentí que me había abandonado demasiado pronto, pero me dio un propósito, una dirección y la certeza de que el amor llega de muchas maneras y formas; y que guarda tanto significado y euforia como cuando llega en la figura de una pareja sentimental entre un hombre y una mujer. Bob me estimuló de muchas maneras; y esto me inspiró a seguir con mi trayecto hacia la evolución espiritual.

⟿⟾

Pareciera demasiado obvio mencionar que cada relación involucra dar y recibir, pero cuando se trata de sus amigos, ¿da usted más de lo que recibe? ¿Se trata siempre de ellos y nunca de usted? Si se siente agotado, ansioso o irritable cuando está cerca de ellos, es su alma diciéndole que se aparte. Si se siente relajado y sin importar de qué humor se encuentre, si ellos lo entienden, entonces tiene un verdadero amigo. Los verdaderos amigos siempre se aceptan mutuamente; nadie puede estar "en acción", ser simpático o divertido todo el tiempo; y si siente la presión de ser siempre así, entonces su relación es falsa.

Además, lo peor que puede hacer alguien en cualquier relación, es asumir una posición privilegiada. Pregúntese: "¿A qué tengo derecho, a menos que me gane el respeto, el amor y la confianza?" El sólo hecho de que usted exista no le garantiza que será amado o respetado. Algunas de las celebridades que he conocido parecen sentir que por cierta realidad exagerada de sí mismos, merecen un trato especial. Bien, pues no es así. Si usted es amable y flexible, se encontrará con que la vida le brinda beneficios. Puede decir: "Pero hago todo por todos, y jamás obtengo nada a cambio". Primero que todo, ¿quién le pide que lo haga? Y quizá no le da a otros la oportunidad de ayudarle. O quizá es usted una víctima y en el fondo lo disfruta (o dejaría de hacerlo), o es tan inseguro que siente que no merece nada. La humildad tiene su lugar, pero si es demasiada, se torna enfermiza.

Nuestros destinos nos aseguran que venimos a aprender; además de eso, deberíamos usar nuestro tiempo en la Tierra para hacer todo el bien posible y ser de ayuda para los demás. Debemos vivir según las sencillas normas de amabilidad, cuidado y valor propio, y entonces podremos irnos al Hogar en estado de gracia. Y cuando estemos a punto de lamentarnos por aquellos que nos lastimaron o decepcionaron, deberíamos inmediatamente pensar en aquellos *que no lo hicieron.*

Mantuve una supuesta amistad durante 30 años con alguien que me traicionó de todas las maneras posibles, no obstante, conté las bendiciones de cada una de las maravillosas personas que me rodearon con su amor. Incluían a: Pam, quien ha estado conmigo por tres décadas y a través de tantas pruebas; su esposo, quien recuerda cuando solía llevar a cabo reuniones en casa; Linda, un alma afín a la mía que ha estado conmigo durante 28 años, es mi socia y vive conmigo... ¡por qué altibajos hemos pasado!; mi querido Abass, quien solía llamarme "Reinita" (y que tristemente falleció hace dos años); y amigos más recientes como: Ron, Reid, Nancy, Wayne, el actor Joel Brooks y tantos más. Todas estas almas forman el hermoso tapiz de mi vida. Y todos ustedes que leen mis libros, me ven por televisión o asisten a mis conferencias, me han traído igualmente tanto amor. Gracias a todos ustedes, soy capaz de disfrutar enormemente mi trabajo.

Llenaría un millón de páginas con la gente que amo. Montel Williams está al inicio de la lista: llevamos 15 años y comenzamos con una promesa y un apretón de manos. Mi admiración por él no tiene límites porque es un hombre increíblemente amable y atento, que hace el bien como nadie. Lo que hemos discutido y atravesado juntos hace parecer que nos conociéramos de por vida. Y mi querido Dal, quien volvió a mi vida después de mi terrible divorcio anterior, ha sido una compañía tan buena y gentil. Sigue Brian de Dutton; mi agente literario, Bonnie; Michael Green; y tantos más... no necesariamente hablo con ellos a diario, pero cada vez que los veo, retomamos justo en donde nos quedamos.

En lugar de enfocarnos en lo que hemos perdido, concentrémonos en lo que tenemos. Por ejemplo, aún amo y frecuento a mis maravillosas nueras aunque ya no están casadas con mis hijos. Son tan preciadas para mí, no sólo porque me dieron nietos, sino porque las amo por lo que son y hemos compartido tanta historia. ¿Por qué continuar albergando sentimientos negativos o de venganza hacia alguien que le ha traído paz y armonía? Sólo porque sus relaciones con sus parejas no funcionaron (lo que no tiene nada que ver con usted) no las convierte en malas personas.

Y mientras tengo a mis queridos partidarios de las últimas seis décadas, también he creado bastantes nuevos vínculos. Conozco a Lindsay Harrison apenas desde 1998, por ejemplo, pero con frecuencia nos reímos de nuestra vida actual y de lo imposible que es conocernos tan bien en tan corto tiempo. Ella es una de esas personas que, cuando nos conocimos, ambas sentimos: *¡Oh, ahí estás por fin!* Como dije frente a 3,000 personas en una conferencia en Canadá, todos somos una misma mente: la mente de nuestro amoroso Dios. Esa es la euforia: cuando conocemos a alguien que nos lo recuerda.

Muchas veces, cuando estoy en una sesión psíquica me dicen: *Sylvia, me encantaría que fuéramos amigos. Puedes venir y hospedarte en mi casa cuando vengas a mi estado o a mi país. O, te conozco tan bien que siento que hemos compartido vidas anteriores.* Bien, me encantaría aceptar los ofrecimientos de todos ellos, pero simplemente no tengo tiempo suficiente. Sin embargo, *somos* amigos y sí nos hemos conocido en el Más Allá o en una vida anterior. Estoy muy agradecida (humildemente) por el amor que recibo y mi intención es regresarlo en gran medida. Amarnos unos a otros es el motor que impulsa nuestros cuerpos y almas; y es el factor que nos motivó a venir a la vida en primer lugar. Si vivimos en la coraza de nuestra propia soledad, en verdad no tendremos a quién culpar por nuestra miseria, más que a nosotros mismos.

### Nuestros amigos peludos

Ahora, ¿qué hay de nuestras benditas mascotas que muchas veces preferimos sobre algunas de las personas que conocemos? Estoy convencida de que nuestros compañeros animales son como verdaderos ángeles guardianes aquí en la Tierra. No sé dónde comenzar en cuanto respecta a lo que siento por los experimentos con animales, excepto por protestar, ya que estoy totalmente en contra. Después de todo, ningún animal viene con malicia a menos que los seres humanos los traten con crueldad; cuando eso sucede, tan sólo tratan de sobrevivir defendiéndose a sí mismos.

Cuando era joven, sólo me permitían tener pájaros (mi abuela tenía canarios y consiguió con éxito que se reprodujeran) y gatos, a los que quise mucho, pero cuando me fui de casa compré perros. Desde entonces he tenido de casi todas las razas: desde pastor alemán y dóberman hasta perros ovejeros y callejeros. Ahora tengo un labrador dorado, dos Yorkshire terrier, un buldog inglés, un terrier blanco West Highland, un Shih Tzu, un Lhasa apso, un labradoodle (un híbrido de labrador y caniche), y un perro salchicha, y todos tienen distintas y adorables personalidades.

Todos son parte importante de mi vida, y cuando viajo los extraño mucho, pero mi regreso a casa está siempre lleno de alegría. Cuando estoy cansada o no me siento bien, parecen saberlo por instinto y se acurrucan a mi lado de un modo apacible y alerta. Y salir al jardín para jugar con ellos es júbilo puro.

Tuve una amiga con terribles ataques de ansiedad, y cada vez que tenía uno, salía y abrazaba a sus animales y las sensaciones negativas se alejaban. También es un hecho sabido que llevar mascotas a visitar a niños autistas o a los ancianos, los ayuda mucho a sonreír, porque nuestros amigos peludos parecen saber cómo neutralizar casi cualquier energía negativa. Además, el bichón frisé y el labradoodle no tienen el mismo tipo de pelambre que otros perros, de tal manera que las personas alérgicas parecen tolerar perfectamente a estas dos razas.

Para los animales no es importante si usted está feliz o triste, si es rico o pobre, o gordo o delgado: lo aman incondicionalmente. Parecen llegar a personas de cualquier color, credo, sexualidad o lo que sea. Me parece que es una de las razones por las que amo tanto Kenia. En ese país se puede ser testigo de la majestuosidad de los elefantes, de la gracia de las jirafas, de la fuerza de los hipopótamos y de los búfalos de agua. Todas las criaturas de Dios, grandes y pequeñas, representan un papel al mejorar nuestras vidas y al mantener a salvo la ecología. (Aquí diría "por el momento", ya que estamos haciendo que nuestras especies se extingan, y derribando los hermosos árboles a una tasa alarmante. (¡Pareciera que Dios nos dio este Paraíso y decidimos hacer un basurero comercial de él!)

Todas nuestras mascotas nos han enseñado el amor incondicional de Dios, y Él se ha asegurado que nos estén esperando en el Más Allá. ¿Qué podría ser más tierno?

## Nuestros ayudantes etéreos

Nuestra relación con los guías espirituales es muy especial y como ninguna otra. Lo sé por experiencia propia, y gracias también a lo que he hablado con miles de personas que han mantenido una relación con sus guías. Estos son los espíritus inspiradores que nos ayudan a conservar nuestra senda y que nos van entregando mensajes.

Mi principal guía espiritual, Francine, ha estado conmigo durante toda mi vida. Primero la "escuché" cuando tenía siete años, y es sorprendente cuántas personas en mis conferencias o en presentaciones públicas pudieron verla y describirla mucho antes de saberse algo sobre ella. Cuando estoy en trance a fin de hallar respuestas y ella entra en mí, miles de personas han percibido que conforme pasa el tiempo, voy adquiriendo sus rasgos: mis ojos se rasgan y se oscurecen, el puente de mi nariz se ensancha y dejo de cecear. Por supuesto, ella utiliza mi cuerpo y mis cuerdas vocales, pero a su llegada es claramente distinto. Algunas personas inclusive han podido ver a mi segundo guía, Raheim, quien llegó a mi vida mucho más tarde. No sostengo comunicación clariauditiva con él (como lo hago con Francine), aunque él entra en mi cuerpo cuando estoy en trance para darme mucha información sobre historia y teología.

Su propio guía espiritual permanece a su lado durante la travesía de la vida. Todo lo que tiene que hacer a fin de recibir ayuda es reconocer a su guía y hablarle. Después que le haya hecho una pregunta, mantenga su mente en calma y tome la primera respuesta que le llegue. Sé que esto puede ser difícil porque se le ha enseñado a no confiar en su primera impresión, pero nueve de cada diez veces obtendrá la respuesta "psíquica". Asegúrese de agradecer y amar a su guía por ser su amigo en cada paso del camino... incluyendo el Más Allá.

⊰◦⊱

Cuanto más hablemos con nuestros guías y ángeles, con Dios y con nuestros seres amados que han partido, más delgado será el velo del escepticismo; consecuentemente, nuestra convicción nos permitirá que todas estas entidades se acerquen y puedan ayudarnos más fácilmente. Nos ayudan de cualquier forma, pero dicha creencia hace que las líneas de comunicación sean más claras y más efectivas. Estos amigos, ya sea que los veamos o no, son parte del amor en nuestras vidas e igualmente nuestros protectores.

Cuando tenía 26 años, estuve en la Unidad de Cuidados Intensivos (UCI), y los médicos ignoraban si sobreviviría. Estaba lo suficientemente lúcida para recordar que la puerta de la UCI se abrió de súbito y mi abuela, ya muerta, se encontraba de repente a mi lado, tomándome de la mano y diciéndome que estaría bien. Podrá decir que me encontraba sedada, pero estaba completamente despierta. Como mencioné anteriormente, no tolero los fármacos (y cualquier médico que me haya tratado podrá corroborarlo), así que *no* estaba sedada. Mi abuela Ada en verdad estuvo aquí cuando la necesité.

Todas las almas amorosas que se han ido al Más Allá continúan con nosotros. Nos hablan a través de nuestros sueños, luces que brillan, teléfonos que suenan, monedas que se caen, pájaros y mariposas, objetos que se mueven y un millón de sucesos más que solemos tachar de "coincidencias." (No existen las coincidencias en la vida, pues todo está ya trazado.)

Luego están nuestros propios ángeles, quienes siempre esperan pacientemente, aunque son bastante activos cuando se les requiere. Ha habido casos incontables de "extraños" ayudando a la gente en necesidad, mas cuando estas personas se dan la vuelta para agradecerles, los salvadores se han marchado. Son ángeles que descendieron en forma humana por un corto tiempo para ayudar o dar consuelo. Los ángeles son absolutamente los héroes no reconocidos de la vida, así que salúdelos, déles una palabra de amor o de agradecimiento en cualquier forma. Ellos trabajan felizmente y no lo requieren, pero eso hará que *usted* se sienta mejor.

# Capítulo seis

# NOSOTROS MISMOS

*L*a siguiente relación que deseo analizar, que podrá parecer extraño y algo en lo que no solemos pensar, es aquella que sostenemos con nosotros mismos.

¿Es usted su *propio* amigo? O por lo menos, ¿se agrada a sí mismo? Si la respuesta a estas preguntas es sí, está perfecto. Si dudó, no sabe o contestó que no, entonces tiene que reconocer el hecho de que la manera como se conecta con usted mismo, espiritual, emocional e incluso físicamente es de vital importancia.

Nos han enseñado a no amarnos porque presuntamente esto es egoísmo. No, no lo es (a menos que excluya a todos los demás). Debemos amarnos a nosotros mismos; de hecho, creo que jamás alcanzamos el verdadero crecimiento espiritual a menos que disfrutemos de nuestra propia compañía. Debemos pasar tiempo en soledad ahora más que nunca, en un mundo que está tan lleno de ruido y de tensión.

Tengo una amiga que no puede pasar ni un minuto en soledad, así que continuamente tiene visitas entrando y saliendo, teléfonos sonando y huéspedes en la casa. No me malinterprete, conforme mis hijos crecían, nuestra casa era una colmena de actividad, y aun así podía retirarme a mi habitación, leer, escuchar música, coser o sólo estar en calma con mis pensamientos y oraciones. Por supuesto que me agrado, pero llegar a este punto significó esforzarme para llegar a ser la persona que Dios desea. Verá, si hace lo mejor que puede en la vida, emitiendo amor y amabilidad y sin lastimar a nadie intencionalmente, se convertirá en la persona con quien esté satisfecho y a quien pueda amar. Y entonces será capaz de amar a otros, también.

Debe enfrentarse al miedo de conocerse; no puede sólo esconderse tras un muro de culpa o de sentimientos denigrantes, o se saboteará a sí mismo. El primer paso es encarar sus problemas emocionales. Generalmente, se trata de patrones nocivos que se repiten una y otra vez, tales como: juzgar a los demás o insistir que todos deberían hacer lo que *usted* siente que es correcto. Si está tan ocupado condenando a los demás, jamás tendrá la oportunidad de conocerse, y mucho menos amarse a sí mismo. Así que superar sus patrones destructivos puede dar paso a su crecimiento y amor propio.

También debe afrontar de lleno la vida y no esquivar las montañas que deberá escalar, ya que cada reto que se le presenta lo hace más fuerte y más orgulloso de sí mismo. Y durante el proceso, será consciente de sus fortalezas, las cuales aminorarán las debilidades.

Hablando de debilidades, puede ser útil descubrir qué le está haciendo falta. Por supuesto que no será un proceso agradable. Después de todo, preguntas como: "¿Soy demasiado indiferente o me siento con un profundo sentimiento de culpa?" o "¿Soy demasiado perfeccionista, no sólo conmigo mismo, sino también con los demás?" pueden ser incómodas, pero revelar estas respuestas puede ayudar a levantar las pesadas capas del comportamiento que han estado impidiendo que su alma crezca.

Además, preguntarse qué es lo que desea de la vida y qué objetivos se ha trazado le ayudará a enfocarse. A menos que tenga alguna ambición, ya sea grande o pequeña, se sentirá improductivo, como barco sin timón. Si tan sólo sostiene su mirada en el objetivo que desea alcanzar, lo conseguirá.

Sé que es fácil caer en la trampa de: "No puedo hacerlo...; soy demasiado débil, temeroso, viejo, joven (o cualquiera que sea su principal pretexto)". Aunque su destino de vida está trazado y su alma sabe qué es lo que necesita, muchas veces un ambiente negativo o ciertas clases de programación pueden ocultar quien es en realidad: un ser creado por Dios, único y diferente de todos los demás en el Universo. Al saber esto, puede soltar las pesadas y arraigadas capas que lo cubren, y liberar su alma. Pero, más que nada, debe creer en sí mismo y confiar que aun en los tiempos difíciles, sus propios recursos lo ayudarán a salir adelante.

⟨○⟩

Ahora vayamos a la relación que tenemos con nuestro cuerpo. Me gusta pensar en nuestra envoltura física como el vehículo que habitamos, y si lo conducimos a gran velocidad y nunca le ponemos gasolina, aceite, correas del ventilador, bujías y todo eso, no durará y nos fallará.

También creo que nuestros cuerpos son templos que Dios nos dio. Naturalmente, tampoco deberíamos enloquecernos por esto. Además, creo en lo que lo que creían los griegos: "Todo con moderación". Cualquier tipo de fanatismo, tenga o no que ver con religión, salud o política, me pone nerviosa. Creo en comer bien, ejercitarse y no tomar alcohol en exceso, (en lo personal no bebo, pues me enferma). Tampoco creo que se deba

consumir drogas sólo para recreación, comer caramelos en abundancia, fumar hasta morir, o tomar cualquier píldora tan sólo porque el médico la prescriba. Claro que necesita medicación en ocasiones, pero debe tener una relación verdadera y cuidadosa con su cuerpo y tratarlo con respeto. Si lo hace, no se sentirá deprimido, cansado o malhumorado; y su vehículo le llevará con estilo a cualquier parte durante muchos años.

### Lo que nos rodea

Puede sonar inerte y extraño, pero nos relacionamos con todas las cosas en la vida. Los libros, por ejemplo, han sido una parte muy importante en mi vida. Mi abuela sólo llegó a octavo grado en Alemania, pero su padre poseía una biblioteca tan grande que llenaba las cuatro paredes de su estudio. Me contó que comenzó con un extremo y continuó hasta haber leído cada libro. También era la persona más ilustrada que he conocido en temas como literatura, política, teología y normas sociales; inspiró en mí el amor al aprendizaje. Solía decir que los libros son nuestros amigos...; y en realidad lo son.

Leer lo hace no sólo más conocedor, sino que puede inspirarle de muchas maneras. Puede descubrirse diciendo: "Bien, si esas personas sobrevivieron a *eso,* yo también podré." Debo admitir que me encantan las autobiografías y los libros históricos por esa sencilla razón; sin embargo, mis favoritos de siempre han sido los tomos de teología, que aún leo ávidamente.

La Biblia ha sido interpretada de tantas maneras (cientos de monjes y teólogos la han editado en incontables ocasiones con un gran número de variaciones) que en realidad usted mismo debe sacar sus propias conclusiones lógicas y espirituales. Recomiendo que lea los textos de Nag Hammadi y los Pergaminos del Mar Muerto, porque no han sido alterados. Y profundizar en los libros sagrados de otras religiones, como el Corán o el Bhagavad Gita, sin otra razón que la de proporcionarse más conocimiento y perspectiva en llegar a sus propias conclusiones espirituales. Lo que encuentre, debe hacerle sentir bien; si no es así, descártelo.

¿Qué hay acerca de otras clases de comunicación, como: los periódicos, la radio, el cine y aun la televisión? Todos estos medios pueden enriquecer nuestra relación con el mundo a nuestro alrededor y nos ayudan a mejorarnos, a estar más informados y ser personas más interesantes. No soy una presuntuosa, pero en realidad prefiero ver algo que sea informativo y un reto mental, como la programación del Discovery Channel, A&E, History Channel y TLC. Y cuando voy al cine, disfruto las películas de figuras históricas como Mahatma Gandhi y Elizabeth I (también me encantó *Corazón Valiente*), así como las comedias y los temas alegres.

Además, creo que todo está muy modernizado en la actualidad, pero carece de sustancia. Aun en nuestras películas, en raras ocasiones observamos interpretaciones profundas, con moralidad o significado; todo está en efectos especiales de "montajes". Disfruté *The Matrix,* pero en realidad no entendí por qué tuvieron que dar todos esos giros técnicos para representar el bien y el mal. No quiero sonar muy pesada, pero *Diálogo con el diablo* de Taylor Caldwell y *El diablo y Daniel Webster* por Steven Vincent Benét son dos libros que superan de lejos cualquier película de este tema.

Volviendo a los objetos materiales, he visto a mucha gente que tiene una *verdadera* relación con ellos: sus casas, autos y guardarropa se convierten en su todo y en su único fin. Bien, cuando *cualquier* cosa llega a ser demasiado importante, el alma termina pidiendo limosna.

Todo en la vida cambia y se mueve; y las joyas, los autos deportivos y las mansiones son tan sólo un préstamo, si lo piensa bien. Nadie se lleva nada al Más Allá excepto lo que ha hecho por Dios, y jamás he hablado con alguien allí que extrañe su cartera de acciones bursátiles.

Esto no significa que debamos vivir en una pobreza terrible, ya que el dinero nos permite estar cómodos y tener la libertad de ayudar a los demás. Así que mucha gente me ha preguntado: "¿Sabes lo rica que serías si no ayudaras a tanta gente y a tantas instituciones de caridad?" Lo siento, pero la alegría de ayudar sobrepasa cualquier ganancia material que pudiera tener. Creo que Dios dice: "Si ayudas a los míos, te ayudaré a ti."

Lo que es importante para mí es el pequeño jardín de flores que tengo fuera de la habitación en donde doy mis sesiones psíquicas por teléfono. Las aves que cantan, las flores que brotan, el lecho que tiene los almohadones que me encantan, la comodidad de una manta cálida en una noche de invierno; todo esto son bendiciones de Dios, pero muchas veces las damos por hecho. La gratitud es hermana del amor, y si añade estos conceptos a todas las *cosas* en su vida, llevará a cabo sus lecciones espirituales y se mantendrá en el camino.

### Nuestros rituales

Podrá parecer algo descabellado, pero sostenemos una relación con nuestros rituales. Por ejemplo, piense en su rutina antes de ir a la cama: coloca su ropa, pone agua en su mesa de noche, se asegura que la alarma esté programada y confirma que estén bien cerradas las puertas. O cuando se levanta, toma una ducha, bebe su café, lee su periódico y continúa. Probablemente tiene un ritual inclusive en el supermercado, incluyendo hacia qué pasillo se dirige primero.

Como puede apreciar, la relación con nuestros rituales nos proporciona un sentido de seguridad y de orden; de perturbarse sentiríamos un desequilibrio. También tienen el poder de darnos el sentido de unidad para un objetivo en común, de enriquecer nuestras costumbres y de vincularnos espiritualmente, especialmente si comienzan en el núcleo familiar. Los rituales son grandiosos mientras no sean subversivos, controladores o secretos.

La raza humana siempre ha tenido alguna clase de relación con sus dioses para protegerse de espíritus malignos, en consecuencia, los rituales religiosos pueden llegar a ser severos e inclusive crueles. Nunca he sido partidaria de ritos demasiado elaborados, pero defenderé a quien desee participar en ellos, estar en la iglesia, mezquita, templo o sinagoga; arrodillarse sobre un telar de oración o sobre un escalón acolchado; igualmente rezar o cantar.

Por las mañanas, antes de mis lecturas, oro para ser un verdadero canal e irradio a todos con la luz blanca del Espíritu Santo, incluyendo a toda la gente negativa que se cruce en mi camino. (Debería hacerlo usted también, ya que esto mejorará su día.) Por la noche coloco columnas de luz alrededor del mundo y pido a los ángeles su ayuda para mí, para mi familia y mis seres queridos, y para todos en la Tierra. Cuando nos reunimos en grupos para realizar rituales positivos, pueden darnos gracia y energía sanadora y hacer del mundo un lugar mejor.

## Nuestros sitios especiales

Ahora discutamos la relación que tenemos con los sitios que amamos. Guardo mucho cariño por todos los países que he visitado, especialmente Grecia, Turquía y Egipto, pero siento algo especial por Kenia. Cuando recién bajé del avión en mi primera visita, me sentí en casa instantáneamente. Me encantó todo: las tiendas, los animales, el olor de los mercados; y la gente maravillosa y amable que siempre está sonriendo.

Existe la creencia panteísta de que todos somos parte de la naturaleza y que Dios está en todas las cosas. En parte, lo creo; puede que no todo tenga un alma como en los humanos y los animales, pero todo *es* un reflejo del amor de Dios.

Por ejemplo, estaba sentada en el patio la otra noche con mi nieta, y estábamos escuchando a los grillos, oliendo el aroma de los pinos y el césped y observando las estrellas. En ese momento, ambas nos dimos cuenta de que todos somos parte de la creación de Dios. No voy por ahí abrazando cada árbol, pero siento que nuestra relación con la belleza de la naturaleza que nos rodea es la manera en que Dios nos brinda alegría. No tenemos tiempo suficiente en esta acelerada sociedad para simplemente observar las estrellas, las nubes, los árboles o las colinas; y en verdad, no creo que sea cursi reconocer que cada árbol y brizna de hierba fueron colocados aquí por Dios para amarlos, disfrutarlos y apreciarlos.

En realidad no hemos tratado muy bien a este planeta, pero *podemos* experimentar su dicha. Ya sea nuestras plantas o mascotas, los aromas y las flores de la primavera, la vivaz brisa del invierno o el crujir de las hojas en el otoño, estas cosas son todas parte de la belleza de la creación de Dios. Siempre decimos: "Tómate el

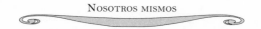

tiempo para detenerte a oler las rosas", pero hay muchas otras sensaciones que podemos experimentar. Tómese unos minutos para fundirse con la naturaleza, porque en verdad es un elixir para el alma; y le ayudará a reforzar la conexión que sostiene con usted mismo *y* con Dios.

# DIOS

*P*odemos leer cientos de libros o ver infinidad de
películas acerca de los tipos de relaciones humanas, pero parece que nunca llegan a la relación más importante de todas: la que sostenemos con Dios.

Desde eras prehistóricas hasta el tiempo presente,
ha existido una fuerza innata en todos los seres humanos que los hace amar, adorar o temer a algo mayor que
sí mismos. No me importa si la gente dice que es atea,
porque siempre hay algo que veneran más que a su propia persona.

Debido a las pruebas y tribulaciones en nuestros destinos, podemos llegar a creer que Dios no se ocupa de
nosotros. Esto es falso: Él está ahí, sosteniéndonos firme-
mente en Su amor. Aún siendo sus hijos quienes escribi-
mos nuestros propios destinos de vida, debemos aprender nuestras lecciones y experimentarlas para el progreso
de nuestra propia alma. Siempre digo que Dios responde
a todas nuestras oraciones, sólo que a veces Su respuesta
es no.

Yo vivo para, y con Dios, cada día, e intento trans-
mitirlo a todo aquel que escuche. Sin embargo, tengo
un problema con la fe. Siempre estamos hablando de la

fe (fe en que una relación durará, fe en Dios, o *fe* como un sinónimo de *esperanza*), pero no hay nada más intangible. Hay una gran diferencia entre saber y simplemente tener fe. La fe siempre lleva consigo el estrés de temer y de equivocarse; el saber no implica tal tensión, así que puede ser capaz de entregarse por completo a su propia espiritualidad y a ayudar a otros.

La fe y la esperanza pueden engendrar en usted el temor a equivocarse, y entonces el temor sería utilizado en su contra, separándolo de su espiritualidad...; mientras que el saber tiene el dulce y maravilloso sentido de seguridad y espiritualidad que ningún temor puede llegar a invadir. Por ejemplo, cuando un sacerdote o figura religiosa le explica a la gente que irá al infierno si no se comporta de determinada manera, aquellos que sólo tienen fe y esperanza en Dios, temerán irse al Infierno durante toda su vida. Pero los que *saben* también comprenden que Dios es todo amor y misericordia y que Él jamás condenaría a nadie a arder en las llamas eternas del Infierno.

La fe puede llevarlo hasta cierto límite, ya que el temor gobierna a quienes la tienen y afecta su espiritualidad a tal punto que se vuelven críticos, transigentes, condenatorios, llenos de prejuicios y totalmente faltos de tolerancia hacia otras creencias. Su miedo les lleva a hacerlo, ya que siempre temen equivocarse en su propio sistema de creencias. El saber, por otro lado, elimina toda esta necesidad de tener razón y permite que el alma se enfoque en hacer buenas acciones y en amar a Dios en lugar de temerle. Si su relación con Dios está enraizada en la lógica en vez de la fe, que puede ser ciega y llena de esperanza, estará mejor equipado para lidiar con la vida y con todas sus relaciones.

La manera como vivimos y nos unimos en armonía espiritual para ayudar a otros acentúa nuestra relación con Dios. Tenga en mente que mientras la espiritualidad es el verdadero alimento del alma, la confundimos con religión. La religión es una *expresión* de nuestra espiritualidad; mientras que la espiritualidad misma habita dentro de nosotros y nos ayuda a guiar nuestras acciones. El reciente e inapropiado comportamiento de algunos miembros del clero es una terrible grieta en la confianza, pero no debería afectar su verdadera espiritualidad.

Quienes practican la religión judía son más dignos de admiración por el hecho de que no solamente forma parte de sus fiestas, sino que es un factor clave en su vida cotidiana. No tiene que estar de acuerdo con sus creencias en particular, pero la relación entre su espiritualidad, su religión y las actividades cotidianas debería ser un patrón para su propia vida. Dicho de otro modo, la espiritualidad debería estar integrada en cada una de sus acciones, especialmente en su religión.

La espiritualidad no siempre llega fácilmente, pero una vez que se abre siquiera una hendidura, el amor de Dios se derramará anegándole de júbilo y gozo. Tan pronto integra a Dios en su vida, será capaz de ver rápidamente cómo esa conexión desvanece parte de la inutilidad, depresión y frivolidad que regularmente siente. Ya sea que se trate de las enseñanzas de Buda, Mahoma o Cristo (o cualquiera que sea su creencia) una semana más tarde (o incluso antes) verá que se siente mucho mejor.

Recomiendo entonces que progrese usando la visualización, como sería enviar columnas del amor de Dios o colocar la luz blanca del Espíritu Santo alrededor suyo y de sus seres amados. Luego, vaya más allá pidiéndole a sus ángeles que le ayuden, le protejan y le den amor, y llame a sus seres amados que se han ido al Más Allá,

o hable con su guía espiritual. Si utiliza todas las herramientas que están a su alcance, logrará maravillas.

Finalmente, por favor recuerde que las muchas facetas de Dios y de nuestra relación con Él son puras y constantes. Mientras que mucha gente puede ser errática y dada al desprecio o al comportamiento reprobable, jamás atribuya a Dios estas acciones insignificantes. Simplemente, no es Su naturaleza..., es sólo la nuestra.

### Mi opinión personal acerca de la espiritualidad

Hace algunas noches vi un noticiero en el que presentaban el perfil de un evangelista que ganó millones gracias a sus seguidores. Mientras que presuntamente había otorgado gran parte de su dinero a los niños y a diferentes fundaciones, no era mucho en comparación con los millones que había retenido. Presuntamente, él y su organización recolectaron entre $80 y $100 millones de dólares y dieron menos de $500,000 a obras de caridad. La investigación arrojó que este hombre tenía un modo de vida de derroche gracias a las supuestas sanaciones que había hecho, pero ninguna persona de las que había "sanado" pudo conseguir un informe médico o un doctor que lo sustentase. Y cuando le preguntaban por qué no hablaba con el equipo de noticias, el evangelista contestó que Dios le había pedido no hacerlo. ¡Qué mal está tomar el dinero de la gente fingiendo que Dios le habla! Quizá Dios *sí* habla con él, pero no creo que le haya pedido evitar hablar con reporteros.

Esto es lo que me preocupa acerca de las operaciones ocultas de avaricia que se esconden tras términos bíblicos para engañar a la gente. Todo el dinero tomado bajo pretensiones de este tipo sólo regresará para hacerle daño

a la persona que lo tomó, porque es una ganancia mal-habida. La relación con Dios es pura y no para obtener ganancias. Por supuesto que mi iglesia y otras requieren ingresos para operar, pero estafar a la gente que gana dinero con tanto sacrificio es un acto de maldad.

La hipocresía es incontrolable en la religión y probablemente siempre lo será, ya que ciertas figuras religiosas simplemente no pueden reconciliar el dogma creado por el hombre, con el amor y la tolerancia de Dios. Bien, la llave a la tolerancia es vivir y dejar vivir, permitir a aquellos que piensan distinto a usted que tengan sus propias creencias y amarlos a pesar de ello. Me recuerda un sermón que di hace varios años en Novus Spiritus, en el cual relaté que tenía una clienta (cuyo nombre no revelé) que tenía un alma hermosa, espiritual y llena de amor. Mientras observaba a la congregación, pude apreciar que todos estaban en la misma modalidad (espiritual y llena de amor), pero entonces decidí ponerlos a prueba. Conforme finalizaba mi pequeño sermón y observaba este mar de bellos rostros, les hice saber que la clienta a quien me refería era una prostituta... y esperé a ver su reacción.

Algo maravilloso sucedió: ¡no hubo reacción adversa alguna de parte de nadie en toda la congregación! Sonreí y pensé que nuestra iglesia debía estar haciendo un buen trabajo, y sentí bastante orgullo por la labor de nuestros ministros. Mi punto aquí es simple: como luzca la gente, como se ganen la vida y en lo que crean, no necesariamente los convierte en malos hombres o mujeres. Los individuos buenos y espirituales vienen en todos los tamaños y formas; de todos los escenarios raciales, étnicos y religiosos, y de todos los rincones del mundo. Para aprender tolerancia, *no juzgue*. Igualmente, esté abierto a la diversidad de la raza humana, y descubrirá que toda la

gente es básicamente igual... y la mayoría de las personas son en esencia bondadosas.

Cada vez que alguien viene a mí y me pide que desea ser ministro, destaco que no es una vida que comienza cuando se colocan el collar que los acredita como tales, es un compromiso de vida que impregnará cada faceta de su ser. Deben dedicarse por completo a ayudar y a atender las necesidades de los demás, utilizando su espiritualidad como la fuerza estimulante al realizar la obra de Dios. En realidad, se convierte en su vida, ya que cada día debe ser dedicado a los demás en el nombre de Dios.

En nuestra iglesia, los ministros existen para hablar con la gente de sus problemas, no sólo para los sermones. Luego damos un discurso sobre la filosofía gnóstica de la misma manera en que Jesús la enseñó, no del modo en que ha sido interpretada. Después, hacemos una oración final y los ministros preguntan si hay alguien que necesite ayuda, que se ponga de pie (si lo desea) y pida oraciones especiales. Tras una oración final por el amor y la protección, finalizamos. Los ministros en ese momento están disponibles para orientación y sanación después del servicio. Es reunirse en una comunidad que tiene las mismas creencias y que sigue las mismas enseñanzas de Cristo, al igual que otras escrituras y pautas gnósticas. No podemos y no debemos ahogar nuestra relación con Dios con tantos adornos y accesorios. Siempre me sorprende cuánto ignora la gente que Dios conoce nuestro corazón y todo sobre nosotros.

Sí, creo en la oración, porque nos brinda gracia y mantiene a Dios dentro de nuestro corazón, pero me gustaría recordarle que cuando se trata de su relación con Dios, todos los mensajeros espirituales de la historia oraron de manera sencilla: practicaban lo que predicaban cuando convivían con la gente. Cristo jamás erigió

una iglesia, y tampoco lo hizo Buda. Somos el templo de Dios, y no necesitamos nada más.

¿Se da cuenta de que solíamos aprender de la espiritualidad en casa, en las rodillas de nuestros padres? La espiritualidad de la era precristiana se profesaba en casa, pero también era asunto de la comunidad. Si los primeros humanos se reunían alrededor del chamán, del sacerdote o la sacerdotisa, el hombre o la mujer místicos, se trataba de una unión entre amigos, familia y seres amados, al tiempo que se conectaban con Dios.

Luego se levantaron los fríos templos, todo mármol y blancura. El sacerdote o ministro se separó y se posó en un pedestal, literal y figuradamente. El resto de nosotros fuimos relegados a tomar un papel parcial en las ceremonias, y sólo en un momento determinado. Los dirigentes se vistieron distinto y presuntamente sabían más que nosotros porque si se hacía una pregunta, la respuesta usualmente era: "Es un misterio". Esto pudo habernos hecho sentir que en realidad *no* sabían nada... ¿y por qué? O que lo sabían, pero éramos demasiado estúpidos para captarlo. El sitio en donde alguna vez nos reunimos en terreno común, se tornó en un espacio frío y a veces prohibido que nos llevó a comenzar a cuestionarnos y a cuestionar a los demás. Las familias dejaron de orar y de reunirse, las raíces de nuestras creencias fueron arrancadas, y nuestra espiritualidad (fuera la que fuera) ahora nos era enseñada por un clérigo, ministro o rabí impersonal y frío. El resultado fue que terminamos no en las rodillas, sino de rodillas.

Siempre enseñé a mis hijos a ser espirituales. No importaba que no siguieran un dogma; imaginaba que si lo deseaban, lo encontrarían. Crecieron con mi filosofía y mis conceptos (la luz blanca del Espíritu Santo, los ángeles y guías, un Dios que ama a todos y demás), y escucha-

ban mis conferencias desde que eran pequeños. Aún cuando no creo que las tengan muy arraigadas, sé que de vez en cuando escucharé mis propias palabras de boca de uno de mis hijos. No porque sean como loros (créame, siempre han vivido sus propias vidas). Sino porque como mi hijo mayor, Paul, me dijo en una ocasión: "Mamá, me identifico con lo que nos enseñaste, porque es lógico." Y continuó: "Y si no fuera, sólo pensaría que estabas loca y te amaría de todas maneras". Únicamente contesté: "Gracias, hijo... supongo".

Cuando miro a este hombre, tan alto y de hermosos ojos (que también es mi amigo y mi guardaespaldas, mi agente, encargado de coordinar mis eventos, arreglar itinerarios y manejar mi agenda, además de ser un exitoso hombre de negocios por mérito propio) me maravillo, *¡Qué bendecida he sido!* Y entonces miro a mi otro hijo, tan lleno de vigor, que también es mi amigo y comparte mi trabajo, y me considero doblemente bendecida.

El caso es que he encontrado que nos va mejor en la vida a aquellos de nosotros que tenemos una fuerte creencia en Dios que aquellos que no la tienen. Dios es el cimiento de nuestro ser, nuestro solaz y consuelo en los tiempos difíciles, y siempre está ahí para nosotros, sin importar lo que acontezca.

Los miembros de mi iglesia y yo siempre creemos que ayudar a los demás es la base para la más grandiosa relación de amor espiritual posible, y no tenemos que recibir de regreso la ayuda (aunque así será); ayudar tan sólo engrandecerá su corazón y expandirá su alma para enaltecer al Señor. Solamente con "iluminarnos" unos a otros, bendecir a alguien con un "Que Dios esté contigo," o llamar a los ángeles para que protejan a alguien especial, estamos creando un fuerte vínculo con Dios.

Unas cuantas palabras u obras nos brindan mucho más poder de lo que podemos imaginar.

Así que, ¿por qué no crea un círculo de oración, sólo una noche a la semana con su familia o sus seres amados? Cuando lo hace (encendiendo una vela, echando al fuego una petición u orando para superar los problemas y sanarnos), se unen y crean un vínculo. Deje que sus hijos se lamenten de sus penas por unos momentos: muy pronto se sorprenderá de cómo los niños e incluso los adolescentes exteriorizarán alguna herida o contratiempo que estén atravesando. Tal vez nunca se hubieran abierto de otro modo, pero como todos los demás en el círculo lo están haciendo, no se sentirán tan tontos; al mismo tiempo, podrá tener una visión más profunda de lo que estén atravesando. Es una situación en la que todos ganan.

No tiene que convertirse en una meditación o en una sesión de oración de cuatro horas: corto y ligero es bueno; largo y aburrido es un castigo. Y note que Dios *sabe* lo que desean y necesitan, pero las oraciones nos unen y nos elevan a Él.

Hace años, la gente solía sentarse a la mesa y decir una plegaria de agradecimiento antes de los alimentos, y los pequeños oraban a la hora de dormir con sus padres. Esto se ha abandonado gracias a la naturaleza estresante del mundo actual. (Además de que la oración que jamás me ha gustado es: "Ahora que voy a dormir, pido al Señor mi alma cuidar. Por que si llego a morir antes de despertar, pido al Señor mi alma tomar". ¡Con razón los niños tienen pesadillas! Mi abuela Ada jamás nos permitió decir esa plegaria, pues decía que era muy negativa).

¿Qué sucedió con "Dios bendiga a mi familia" o una petición especial, aun si es tan simple como: "Ayúdame a pasar mi examen de ortografía de mañana"? Nada más

le toma algunos minutos de su tiempo establecer una conexión entre su familia y Dios, a través del común denominador de hablarle a Él en un círculo familiar o con oraciones antes de dormir. Y las semillas que plante a tiempo tendrán efectos de por vida: mis dos hijos aún conservan sus grupos de oración, encienden velas y echan al fuego sus peticiones.

Estas herramientas espirituales nos han sido proporcionadas para ayudarnos en el camino, aún cuando nuestros destinos ya han sido escritos, y nos ayudan a lograr que la relación más importante que tenemos sea aún más fuerte y más dulce.

## SEGUNDA PARTE

*¿Cómo influyen los temas
de nuestra vida?*

# Capítulo ocho

# UNA BREVE REVISIÓN DE LOS 47 TEMAS

Los temas de la vida son cursos de aprendizaje que elegimos antes de venir a la existencia, algo así como las especialidades en la universidad. Opté por enfocarme en ellos en este libro, debido a que representan un papel muy importante al determinar el éxito o el fracaso de cualquier relación.

Algunas veces sus temas encajarán bien con los de otras personas, mientras que en otras ocasiones, serán causa de conflicto. Si está estudiando para ser médico, entonces requiere de alguien que lo apoye lo suficiente para que pueda llevar a cabo su objetivo. Una persona que sólo piense en sí mismo o en sí misma, no comprenderá su necesidad de sanar, ni el tiempo que tiene que dedicar a ayudar a los demás, o las exigencias que debe cumplir. En consecuencia, se comienza a crear un agujero en la trama de la relación. Esto no significa que no pueda lograr que funcione con alguien que represente un desafío; pero de cualquier manera, el proceso le ayudará a comprenderse mejor y a comprender más las lecciones en su propio diagrama de vida.

Aunque describí con detalle los temas de vida en mis libros anteriores *Aventuras de una psíquica* y *La Perfección*

*del alma* (el segundo libro de la serie *Viaje del alma*), nunca los había abordado desde el aspecto de la relación. También sentí que no haría daño alguno repasarlos aquí, antes de seguir adelante.

## Los 47 temas de la humanidad

**1. Activador.** El objetivo aquí es llevar a cabo tareas que otros no han sido capaces de completar. Éstas pueden ser gigantescas o muy insignificantes, pero el punto es lograr hacer siempre bien el trabajo. Los activadores, usualmente llamados activistas, son los artistas que cambian el mundo o reconocen sus problemas: revierten los errores con éxito. Naturalmente, estas almas son muy solicitadas, así que tienen tendencia a abarcar demasiado. Los activadores deberían hacer el esfuerzo de concentrar sus energías en las tareas en donde exista una genuina oportunidad de lograr el cambio beneficioso.

**2. Analizador.** El resto de nosotros aprende del escrutinio constante por parte de los analizadores, de hasta los menores detalles, porque desean saber todo de un tema, incluyendo cómo funciona y por qué. Los analizadores temen perder un dato u omitirlo, así que prosperan en escenarios científicos o altamente técnicos, en donde sus habilidades sean de vital importancia. En situaciones cotidianas, su reto es dejarse fluir y confiar en sus sentidos. Después de examinar a conciencia el comportamiento de los demás, los analizadores deberían pedir iluminación al Espíritu Santo para poder trascender la evidencia física.

**3. Armonía.** El equilibrio sigue siendo de vital importancia para aquellos en este tema, e irán tan lejos como sea necesario para mantenerlo. Sus sacrificios personales son admirables hasta cierto punto, pero el verdadero reto yace en la aceptación de las desilusiones de la vida. Recuerde que lo que no se puede cambiar, se debe aceptar y adaptarse.

**4. Búsquedas estéticas.** La música, el teatro, la pintura, la escultura y la literatura están incluidas en esta categoría. Un tema estético no debe confundirse con las pequeñas "aficiones" en una de estas empresas; más bien, cuando un tema estético está presente, el alma se siente atraída por su talento innato. La necesidad de crear se manifiesta a sí misma a una temprana edad y domina la vida entera del individuo. Si hay un segundo tema como complemento, esa persona tendrá una larga y productiva carrera. De no ser así, cualquier ovación o privilegio que reciba, podría derivar en tragedia. La existencia agonizante de Vincent van Gogh refleja un trágico caso de conflicto por un tema secundario.

**5. Catalizador.** Los catalizadores son los emprendedores y los innovadores, aquellos agentes de acción que logran que las cosas sucedan. Son los estudiantes estrella que todo mundo aspira a ser, los que invitan a las fiestas para asegurarse que todo mundo la pase bien. Los catalizadores son esenciales para la sociedad por sus innovaciones (Ralph Nader es un buen ejemplo); generalmente tienen una energía inagotable, y en realidad parecen prosperar ante el estrés. No obstante, deben tener un escenario en donde actuar o se volverán irritables y esto resultará contraproducente.

**6. Controlador.** El reto para este individuo es obvio; de hecho, Napoleón y Hitler fueron ejemplos típicos de este tema manifestado en su sentido más negativo. Los controladores se sienten obligados no sólo a abarcar la escena por completo, sino a imponer a otros la manera en que deben llevar a cabo hasta los detalles más pequeños de sus vidas. Con el objeto de mejorar, estos individuos deben aprender a controlarse a sí mismos y a mesurarse.

**7. Cuidador.** Como implica su nombre, estas almas cuidan de la gente y en general lo hacen con agrado. Por ejemplo, Rosie, nuestra empleada doméstica, cuidó de la casa, me llevó a la escuela cuando era pequeña y pasó toda su vida dichosamente siendo parte de nuestra familia hasta que murió. Llegó a casarse, pero su esposo murió en la Segunda Guerra Mundial. Luego creó un fuerte vínculo con mi abuela, y terminó cuidando a toda la familia.

**8. Edificador.** Los edificadores son la piedra angular de la sociedad, los héroes y heroínas anónimos de las guerras, de la vida hogareña y de las organizaciones. Los buenos padres suelen ser edificadores, porque facultan a sus hijos para que se expresen al máximo de sus capacidades. Sin estos engranajes, las ruedas de la sociedad jamás girarían; y sin embargo, a los edificadores rara vez se les reconoce por los logros que fueron posibles gracias a sus esfuerzos. Debe tener en cuenta que no todos los premios se ganan en este plano de la existencia: sucede a menudo que aquellos que obtienen el reconocimiento en la Tierra, en realidad no se perfeccionan tan rápido como los edificadores que los ayudaron a conseguir sus logros.

**9. Emotividad.** Los pertenecientes a esta categoría sienten el aumento en la euforia y el descenso a la depresión (y cualquier sutil matiz de emoción entre ambas). La emotividad es frecuentemente el tema secundario de los poetas y de los artistas; y en verdad, fomentará su creatividad mientras les imponga un fuerte reto. El reconocimiento de la necesidad de hallar el equilibrio es vital aquí, como lo es la implementación del autocontrol intelectual.

**10. Espiritualidad.** La búsqueda y encuentro del centro espiritual es universal para todos aquellos que se encaminan hacia un tema espiritual. (Encontramos que gente como Billy Graham y la Madre Teresa, junto con personas sin preferencia religiosa, dan su vida, su dinero o su tiempo como una contribución a la humanidad). Cuando el potencial total de este tema se ha alcanzado, estas almas se tornan más sagaces, más compasivas y benévolas; pero mientras estén involucradas en la búsqueda, deben protegerse contra el riesgo de volverse estrechas de mente y críticas en sus puntos de vista.

**11. Experimentador.** No es inusual para un experimentador ir de *hippie* a presidente de banco, y de ahí al vagabundo que explora el mundo en un barco construido por él mismo. Los experimentadores se interesan en casi todo y dominan muchas de sus empresas; y la riqueza es meramente un derivado de sus esfuerzos multifacéticos (Howard Hughes es un conocido ejemplo). La buena salud es esencial para los experimentadores, así que es importante que no la arriesguen con los excesos.

**12. Falibilidad.** La gente con este tema parece siempre estar en el lugar equivocado, en el momento equivocado, porque han entrado a la vida con un impedimento físico, mental o emocional. Helen Keller, quien siendo niña contrajo una fiebre que la dejó sorda y ciega, es un excelente ejemplo: su triunfo sobre esos supuestos obstáculos es una inspiración para todos. Es importante para aquellos con un tema como la falibilidad, que recuerden que eligieron ese camino para darnos ejemplo al resto de nosotros.

**13. Ganador.** A diferencia de aquellos en el tema de indefectibilidad, a quienes todo les llega fácilmente, los ganadores se esfuerzan por ganar con gran tenacidad, usualmente en el juego o participando en concursos. Eternamente optimistas, tienen la certeza de que el siguiente negocio, trabajo o matrimonio, será el mejor. Si bien apenas pierden un trato, se levantan por sí mismos y van en busca de lo que saben que tendrá un resultado exitoso. Dwight Eisenhower fue un ejemplo positivo de este tema. Como General, su optimismo infalible fue inspirador; como Presidente, su confianza fue un excelente ejemplo. El reto para estas almas, el que aparentemente Eisenhower alcanzó, es llegar a tener una perspectiva realista.

**14. Guerrero.** Aquellos en este tema son los que toman riesgos sin sentir miedo, quienes asumen una gran variedad de retos físicos. Muchos se enrolan en alguna forma de servicio militar o del cumplimiento de la ley, y si tienen como segundo tema al humanitario, pueden ser particularmente eficaces. Aunque es importante que templen su agresividad. Sin los guerreros seríamos presa de los tiranos.

**15. Humanitario.** Mientras que los que luchan por la causa y los portadores de emblemas protestan en contra de los males cometidos contra la humanidad, los temas humanitarios los llevan a la acción misma. Los humanitarios están demasiado ocupados colocando vendajes, enseñando, manteniendo y ahorrando, como para tener tiempo para protestas. Aquellos en esta categoría no están tan preocupados por el concepto de la maldad, y se inclinan a disculpar a la humanidad por sus faltas. Puesto que los humanitarios no sólo ayudan a su familia y amigos, llegando a cualquiera y a todo aquel con quien se encuentran, corren el peligro de extralimitarse. El reto para el humanitario (*mi* reto, de hecho) es evitar el desgaste físico a través del amor propio y de la buena nutrición.

**16. Indefectibilidad.** Aquellos en esta categoría nacen ricos, atractivos, ingeniosos y demás. Sin embargo, cuando consideramos que la perfección es el objetivo universal de todos, nos encontramos con que este tema es uno de los más desafiantes. Usualmente, existe aquí una tendencia hacia los excesos de cualquier clase, casi como si el individuo quisiera retar al destino. Curiosamente, podría existir a menudo falta de autoestima provocando en los que están en el tema de indefectibilidad, el sentimiento de que no son dignos de ser amados como individuos. La meta aquí es aceptar en verdad el tema y aprender a vivir con él.

**17. Intelecto.** Aquí está el tema del estudiante profesional. Charles Darwin, quien utilizó el conocimiento que adquirió a través del intenso estudio para experimentar, hacer hipótesis y eventualmente publicar sus teorías, es un excelente ejemplo de alguien que se ha

perfeccionado en este tema. Ya que el conocimiento, por su propio bien, es frecuentemente el objetivo entre los intelectuales, a menudo existe un peligro de que la información que tan arduamente buscaron, y tan dolorosamente adquirieron, no llegue a ninguna parte.

**18. Interpretación.** Aquellos en un tema de interpretación, lo encuentran altamente gratificante pero también muy desgastador. Estas almas son los verdaderos "anfitriones de la fiesta" (algunos estudiarán carreras en el mundo del espectáculo, pero otros simplemente se contentarán con divertir a los demás en la casa u oficina). Aquí el reto, para aquellos con un tema como la interpretación, es combatir el desgaste mirando hacia dentro, y por lo tanto, adquirir la habilidad de nutrirse y entretenerse *a sí mismos*.

**19. Irritante.** Críticos deliberados, los irritantes son esenciales para la perfección de los demás, porque en su compañía nos vemos forzados a aprender la paciencia y la tolerancia. Aunque es importante no caer en el pesimismo innato del irritante, tenemos igualmente que evitar juzgarlos. Debemos recordar que los irritantes están perfeccionando sus propios temas a fin de que podamos perfeccionar también los nuestros a través de ellos.

**20. Justicia.** Muchos de los Padres Fundadores de los Estados Unidos, preocupados por la justicia y la igualdad, son ejemplos del tema de la justicia en operación, como lo son aquellos que ansiosamente dan sus nombres cuando han sido testigos de un accidente o crimen. Tan admirable como suena, es imperativo para estas almas que usen la discreción en sus elecciones y permanezcan centrados en Dios.

**21. Legalidad.** Ejercer o enseñar la ley son las opciones obvias para quienes están en esta categoría, quienes están casi obsesionados con los asuntos de legitimidad, mientras que otros pueden servir en instituciones gubernamentales. Cuando son ascendidas, las personas en este tema mantienen el mundo a salvo y equilibrado, pero deben estar siempre en guardia, en contra de la posibilidad de usar su poder para su beneficio propio.

**22. Líder.** Aquellos en este tema tienen autocontrol, actúan con premeditación, y raramente son innovadores al elegir tomar cargos en áreas que ya están establecidas. Su giro es más hacia el éxito que hacia la creación, y su reto es evitar los "excesos de poder".

**23. Luchador de causas.** El número de cruzadas es infinito (por la paz, por las ballenas, por la hambruna y más); y el luchador de causas se sentirá atraído por ellas o creará más. Estas almas satisfacen una importante función hablando en nombre de otros que tal vez están tan absortos en sus propios temas como para abordar los problemas sociales. Los luchadores de causas tienen una tendencia a ser impulsivos, lo que puede ponerlos a ellos mismos, y a otros, en riesgo; así que es esencial que consideren la posibilidad de que la causa en sí misma puede ser minúscula, en comparación con la magnitud en que su ego se ve involucrado en ella.

**24. Manipulador.** Este es uno de los temas más poderosos, porque los manipuladores tienen facilidad para controlar las situaciones tan bien como a la gente. Al observar la vida como un tablero de ajedrez, los que estén en este tema pueden mover individuos y circunstan-

cias a su propia conveniencia, como si fuesen peones. (El Presidente Franklin Roosevelt fue el mejor ejemplo de un manipulador en acción.) Cuando una persona así trabaja para el bien ajeno, este tema es llevado hasta su propósito más elevado. Sin embargo, cuando el tema es mal utilizado, el objetivo principal de perfección toma mucho tiempo en alcanzarse.

**25. Paciencia.** El tema paciencia es por supuesto uno de los caminos más arduos hacia la perfección, ya que aquellos en esta categoría parecen desear una realización más rápida que aquellos con temas menos desafiantes. Frecuentemente, acarrean grandes cantidades de culpa cuando sienten que se han desviado de su objetivo, lo que origina en ellos la impaciencia. Esta actitud puede llevar a una autodegradación y a una ira reprimida. Estas almas deben ser compasivas consigo mismas, pues ya es suficientemente difícil vivir a través de las circunstancias que han elegido con tal de expresarse en este tema.

**26. Pacificador.** Quienes eligen el tema de pacificador no son tan tranquilos como lo implica su nombre. El pacificador en realidad sabe cómo presionar por el deseo y la búsqueda de la paz: trabaja incesantemente por detener la violencia y la guerra, dirigiendo a una muchedumbre inclusive mayor que aquellos que han optado por el tema armonía. Y su meta por la paz excede por mucho la lealtad hacia un grupo o país en particular.

**27. Pasividad.** Sorpresivamente, aquellos con un tema como la pasividad, en realidad son activos: pero para nada en concreto. Aunque tomarán posturas determinadas en algunos asuntos, siempre se tratará de una actitud no violenta. Por supuesto que cualquiera de los extremos es dañino para el individuo, pero *algo* de tensión puede ser necesario a fin de conseguir la perfección del alma.

**28. Peón.** Ya sea en su sentido positivo o negativo, los peones provocan que algo de gran magnitud ocurra (Judas Iscariote, personaje bíblico, es un excelente ejemplo). No podemos evolucionar hacia la perfección universal sin el peón, pero aquellos que eligieron este tema deberían conservar su dignidad al elegir sólo las causas valiosas.

**29. Perdedor.** Los perdedores son en extremo negativos, aunque a diferencia de aquellos en el tema de falibilidad, nacen sin discapacidades. A menudo, los perdedores tienen puntos buenos, pero eligen ignorarlos. Aunque su tema se parezca al del irritante en su proclividad a la constante crítica, se distinguen en que invariablemente colocan de vuelta su culpa en el "pobre de mí". Los perdedores son grandes mártires, moviéndose de una novela elaborada hacia otra. Es importante que no juzguemos a la gente que tiene este tema, recordemos que sus patrones fueron elegidos para permitirnos perfeccionarnos; y al observarlos en plena acción, nos esforzaremos a ser más positivos.

**30. Perfeccionista.** Todos quisiéramos las cosas nítidas y en orden en nuestra vida, y, sin embargo, aquellos en este tema pueden dar ese paso extra y ser muy innovadores en su trabajo, y por consiguiente, ahorrar tiempo y dinero. Los perfeccionistas también tienden a ser más rígidos consigo mismos que cualquier otro. Exigen llevar a cabo todo de la manera correcta, sin opción al descui-

do. Si llega al punto en que se convierta en un problema compulsivo o una obsesión, entonces este tema tiene que moderarse. Los perfeccionistas pueden llegar a obligarse a dejar su trabajo o sus responsabilidades y retirarse un tiempo para rejuvenecerse.

**31. Persecución.** La gente en este tema, vive su vida anticipando lo peor, con la certeza de que están siendo señalados y perseguidos. Experimentar placer puede lanzarlos a sentir pánico porque están convencidos de que deben pagar por él, de alguna manera. Este difícil tema es elegido para permitir a los demás crecer espiritualmente.

**32. Perseguidor.** Quienes eligieron un tema como perseguidores, oscilan en el rango de hombres que golpean a las mujeres y abusadores de niños a genocidas. Es difícil apreciar el propósito de este tema en una sola vida, pero éstas, en apariencia "malas semillas", tienen que representar un papel autoimpuesto, que permite que la humanidad evolucione hacia la perfección. Una vez más, es imperativo que no juzguemos a los individuos en este tema.

**33. Pobreza.** El tema de pobreza es el que más aparece con mayor frecuencia en las naciones en vías de desarrollo, y, sin embargo, puede ser más desafiante en las sociedades pudientes. Algunos que tienen la pobreza como tema, pueden inclusive poseer todo lo necesario para sentirse cómodos y, aún así, *sentirse* pobres. Conforme progresan, el pánico se desvanece y es poco a poco reemplazado por una sensación de júbilo, conforme son conscientes de que las cosas materiales de este mundo son transitorias, y que pronto dejarán de tener tanta importancia.

**34. Portador de emblemas.** Aquel que ejerce su cargo como luchador de causas se puede encontrar colocando vallas, en demostraciones y protestas o en los cabildos; estas almas también luchan contra la injusticia. La clave del éxito para perfeccionar este tema es la moderación, el tacto y la discriminación: es mucho mejor para estos individuos elegir una sola causa y velar por ella, que esparcir todo su impacto en varias.

**35. Psíquico.** El tema del psíquico es más un reto que un don, por lo menos en las primeras etapas. Aquellos en este tema, frecuentemente provienen de ambientes muy estrictos en los que las figuras de autoridad se esfuerzan por negar o reprimir los dones que tienen, como: ser capaces de escuchar, ver o sentir las cosas más allá de la percepción "normal". A la larga, estas almas aprenderán a aceptar y a vivir con sus habilidades, así como a usarlas para bien de una manera espiritual, si no profesional. (A propósito, este no es mi tema; la habilidad psíquica jamás ha representado un reto en mi vida).

**36. Rechazo.** Este desafiante tema se manifiesta muy pronto, acelerándose con la entrada al colegio y la subsiguiente intervención en las relaciones. Con frecuencia, estos individuos son abandonados por las personas que aman: aun sus propios hijos los suplantarán con otras figuras maternas o paternas. El esquema puede romperse una vez que la persona es consciente de lo que ocurre, y rinde sus acciones y el ego a Dios.

**37. Rescatador.** Usualmente, encontramos al rescatador trabajando al lado del luchador de causas, pero

cuando éste se retira a una nueva cruzada, el rescatador se queda a cuidar de los heridos. Alguien en este tema, tiene un alto nivel de solidaridad y puede manifestar fortaleza para quienes la necesitan. Aún cuando, por supuesto, otros hayan creado sus propios problemas, el rescatador está decidido a "salvarlos". Al hacerlo, el rescatador es usualmente quien resulta lastimado. Este tema presenta un trayecto difícil de recorrer, pero ciertamente las recompensas espirituales son grandiosas.

**38. Responsabilidad.** Los individuos que han elegido un tema como responsabilidad, lo acogen por fervor más que por obligación, y se sienten culpables si no cuidan de todo aquel que se les acerca. El reto es decidir qué es en realidad inmediato y necesario, a fin de apartarse y permitir que los demás también participen en la toma de responsabilidades.

**39. Riqueza.** Este tema suena como una grandiosa opción, pero es invariablemente más como una carga que lleva al comportamiento destructivo, si se le desatiende. Como con cualquier tema, su meta es superar los aspectos negativos. Tener riqueza es una tentación seductora que actúa como una adicción: es muy difícil controlar este tema, así que tiende a dominarlo a uno. La gente con este tema puede estar obsesionada con adquirir, multiplicar y atesorar el dinero, sin importarles los métodos para adquirirlo o las consecuencias de sus actos en su búsqueda por más. Los valores morales aquí no tienen importancia, así que le puede tomar muchas vidas superarlo, debido al poderoso efecto que tiene sobre una persona. Cuando la gente finalmente domina el tema de la riqueza, se descubren regalando todas sus pertenencias, sin deseo alguno de recibir nada a cambio.

**40. Sanador.** Los sanadores se inclinan por naturaleza a alguna de las profesiones de ayuda, ya sean físicas o mentales. El bien que proporcionan es obvio, y el único peligro es que pueden llegar a ser demasiado sentimentales. Es imperativo que aquellos con un tema como sanador cuiden su propio ritmo para evitar caer en el desgaste.

**41. Seguidor.** Inicialmente, los seguidores pudieron haber preferido ser líderes, pero en algún nivel decidieron no hacer el compromiso necesario. El reto para los seguidores es darse cuenta de que el liderazgo es imposible sin ellos, y así reconocer su propia importancia. La perfección viene tras aceptar el tema que eligieron por sí mismos y proveyendo al líder con el mayor apoyo posible. La discriminación también es necesaria aquí para decidir exactamente a quién y qué seguir.

**42. Solitario.** Aunque frecuentemente están a la vanguardia en la sociedad, aquellos con un tema como solitarios, invariablemente escogen ocupaciones o situaciones en las que se encuentran aislados de alguna manera. (Este es mi segundo tema, ya que ser psíquica me ha apartado de la gente). Los solitarios son usualmente felices consigo mismos, pero deben cuidar sus niveles de irritación cuando la gente se acerca a su espacio. Si cada tema reconoce la presencia y la importancia de los otros, el resultado será mayor tolerancia y entendimiento en el mundo, y (a la larga) paz.

**43. Supervivencia.** Sin importar cuántas sean las razones, reales o imaginarias, la vida es una lucha constante para aquellos que han elegido un tema de supervivencia. Dando lo mejor de sí en situaciones de crisis, estas almas adoptan una visión sombría de su vida día a día. El reto obvio en este caso es aprender a relajarse.

**44. Tolerancia.** Aquellos que eligen este tema, deberán ser tolerantes con todo: asuntos mundiales, parientes, hijos, política y demás. Su carga es tan pesada que usualmente sólo elegirán un área para tolerar, quedándose con un criterio intolerante acerca del resto. Pero, al reconocer su tema, estas almas pueden enfrentar el reto y crecer hacia una mayor benevolencia en el proceso.

**45. Templanza.** El reto aquí es evitar los extremos; aquellos con este tema son más proclives a lidiar con alguna adicción. O pudieron haber superado ya la adicción actual, pero continúan lidiando con los sentimientos residuales de ella. La clave para combatir el fanatismo, que frecuentemente caracteriza este tema, es la moderación..., significado real de la templanza.

**46. Víctima.** Estas almas han elegido ser mártires y corderos para sacrificio. A través de su ejemplo (dramáticamente representado por los medios) hemos hecho conciencia de la injusticia. (John F. Kennedy fue alguien que siguió el tema de víctima a través de su forma de muerte, su dolor de espalda, su apellido y las presiones impuestas por sus padres). Después de representar sus papeles, muchas víctimas pueden elegir volver a escribir sus futuros libretos, alterando sus tendencias masoquistas.

**47. Victimario.** El líder de *People's Temple* (El Templo de la Gente) Jim Jones, fue un ejemplo primordial de este tema en acción; es obvio que muchas vidas, al igual que muchos temas, tuvieron relación con la suya. En el tapiz de la vida, el papel principal de Jones pudo haber sido enfocar la atención pública hacia los abusos de los cultos.

❈

Durante todos los años que llevo hablando con la gente diciéndoles sus temas, siempre responden: "¡Así soy yo..., exactamente!" Sin embargo, todos conservamos pequeños rasgos de todos los temas debido a que los hemos vivido en varias ocasiones.

Por favor, no piense que los temas son como signos astrológicos, tratando de encontrar los temas de todas las personas a su alrededor y ver si congenian. Diferentes categorías pueden congeniar, porque siempre aprenderemos algo que nos ayudará a perfeccionar nuestras almas.

Ahora bien, algunas personas se confunden cuando sienten que son víctimas de sus destinos de vida. No; siempre estamos adquiriendo conocimiento espiritual, especialmente por medio de alguien más. Por ejemplo, mi primer y abusivo esposo ayudó a despertar la fortaleza de mi alma y aprendí que nadie tiene el derecho de difamarme o herirme.

En la actualidad, existen lugares en donde pueden refugiarse las mujeres maltratadas, pero anteriormente no era así, por lo que me llevé a mis hijos a vivir a una habitación alquilada. Comíamos muchos enlatados de frijoles con cerdo; y seguí dando clases. Mi salario era de tan sólo $455 dólares al mes; y después de pagar renta, servicios públicos, comida y ropa para tres hijos, casi que no logro salir adelante. Pero con fe y oración, llegaba alguna ayuda. Con mis sesiones psíquicas y mis trabajos manuales logré abrirme camino. Nos mantuvimos unidos con mis amigos y mi familia, y por extraño que parezca, recordamos

esos momentos como de los más felices de nuestra vida. Lo principal fue que mis hijos y yo nos liberamos de los gritos y de los abusos.

Me gustaría terminar este capítulo haciendo énfasis en que no es necesario conocer sus temas de vida para lograr que sus relaciones funcionen: tan sólo es una manera de entender o explicar por qué algunas veces lo hacen y otras no. Es cierto que cuanto más indaga sobre estos temas, mejor podrá seleccionar los suyos y los de otros, pero como lo he repetido en varias ocasiones, esta es la conclusión: si no tiene en su vida espiritualidad *y* el amor de Dios y de la humanidad, ninguna relación funcionará, sin importar con quién se encuentre o cuáles sean sus temas de vida.

# RETOS EN LAS RELACIONES

En virtud de que los 47 temas de vida se entrelazan, no detallaré cada uno de ellos. En su lugar, me enfocaré en cómo se relacionan entre sí, especialmente debido a que este es un libro acerca de las relaciones personales. En este capítulo, examinaré la manera en que se desafían mutuamente.

Quisiera destacar que, al escribir sobre la importancia de los temas en las relaciones, es mi intención mostrar por qué algunas personas no pueden entenderse. De saber cómo, la gente podría mejorar sus temas con el objetivo de no sólo relacionarse mejor, sino de perfeccionar sus temas *con* sus parejas. Aun aquellos de nosotros con temas similares podemos congeniar si modificamos nuestro comportamiento. Por muy cursi que parezca, es como la premisa de "caminamos mano a mano para obtener nuestra perfección espiritual". Es una combinación de compartir y sacrificarse: compartir juntos cuando sea posible; y sacrificar nuestras necesidades por las de nuestra pareja, cuando sea necesario.

Los temas guían nuestros propósitos, *y* las facetas de nuestra personalidad que vamos acumulando en las encarnaciones, vida tras vida. Analizando de cerca los temas, podemos igualmente corresponderlos con los rasgos

de nuestra personalidad: malhumorado, celoso, irascible, perturbado, deprimido, psicótico, excéntrico, jovial, holgazán, melancólico, optimista, pesimista y demás. Estos encajan en todos los temas, ya sea: armonía, irritante, manipulador, edificador o el que posea.

### La personalidad versus los temas

Entonces, ¿cuál es nuestra personalidad? Bien, junto con nuestra apariencia exterior, también es la suma total de quienes somos, de lo que hemos adquirido a través de nuestra esencia original de Dios, y los maravillosos complementos que hemos recogido en vidas anteriores. Básicamente, permanecemos con la misma esencia, pero vivir varias vidas nos ayuda a mejorar esa esencia. Cuando regresamos al Más Allá después de una vida en particular, tenemos la habilidad de corregir algunos de los defectos de esa existencia, e intentamos volver a la tierra nuevamente, con el objetivo de ascender y convertirnos en un alma aún mejor.

Hay muchos rasgos en la personalidad que son maravillosos y otros que son sorprendentes, tales como la persona que siempre está molesta o celosa, o inclusive aquellos que hablan tanto que terminan aburriendo. Hay alguien en mi vida a quien le fascina hablar sin sentido sobre sí misma: historias largas, aburridas y extensas que no tienen sentido. Pero ya que mi tema es ser humanitaria (a lo que llegaremos más adelante), siento pena por ella y me doy cuenta de que nadie en absoluto desea escucharla.

Igualmente, conocí a un sujeto que era como ella y cuyas conversaciones siempre iban más o menos así:

"Fui a comprar un par de zapatos el domingo... no, espera, fue el lunes. No... *fue* el domingo porque estaba lloviendo. Fui primero a Nordstrom... no, no fue así; fue en Macy's... me había estacionado cerca de Macy's y me dije: *Bueno, ya que estoy cerca, podría ir primero a Macy's.*"

No lo torturaré más, pero él seguía y seguía hasta que me encontraba a mí misma tratando de no gritar lo que pasaba por mi cabeza: *¡Por el amor de Dios, vaya al grano! ¿Compró los zapatos o no? ¿Y a quién diablos le importa?*

Una vez más, cualquier cosa llevada al extremo se vuelve imposible de tolerar. Hace años salí con uno de esos parlanchines, y luego conocí a un hombre muy callado. Al principio me regocijé ante tal silencio, pero pronto me di cuenta de que eso tampoco era muy bueno. Cuando le pregunté al silencioso acerca de esto, su respuesta fue: "Sólo hablo cuando tengo algo importante que decir." Bueno, aparentemente *nunca* tenía nada importante qué decir.

¿Qué le sucedió al arte de la conversación? Al igual que muchos de ustedes, recuerdo que los domingos después de ir a la iglesia, mi familia y yo nos reuníamos en la cena; y con nuestros amigos y parientes pasábamos horas en la mesa hablando de noticias, política, de lo que habíamos hecho durante la semana... era un banquete escuchar, discutir y aprender. Esa es la razón por la cual, lo que más disfruto hacer en todo el mundo, es compartir la mesa con gente jovial que goza con divertirse, bromear y cuya conversación es interesante.

Mi abuela contaba las mejores historias que he escuchado. Cualquier trama que hilaba era muy interesante, llena de suspenso y tenía una moraleja que discutíamos al terminar. Nuestra sociedad ya no lo hace: nos hemos aislado tanto en el hogar y en el trabajo, que difícilmente puede llegar información nueva. Es como escuchar el mismo noticiero una y otra vez.

Recuerdo a una pareja que vino a verme para una sesión. Habían estado casados por 55 años; y cuando ella hacía una pregunta, él sonreía y asentía; entonces, llegaba su turno, y ella sonreía y asentía. Ni una sola vez se contradijeron el uno al otro ni se criticaron. Cuando se marcharon, ambos mencionaron que nunca se cansaban de hablar con el otro y de explorar nuevos libros e ideas juntos. Casi al tiempo dijeron: "Es mi mejor amigo, es mi mejor amiga". Es una bendición de Dios: y puede ser así para nosotros, si tan sólo conocemos bien a la persona con quien convivimos.

Ahora bien, la personalidad que más me ha disgustado siempre es la del ocioso. Estas personas no pueden actuar, pero lo más desgastador, es que tampoco lo intentan. O podrían intentarlo si se les grita lo suficiente, ¿pero quién tiene la voluntad y la energía constante para hacerlo? Por ejemplo, me parece inaceptable que el esposo se siente a mirar televisión todo el día, mientras su mujer trabaja. Sin embargo, he visto muchas mujeres seguir con tales "perezosos" sólo para decir que son casadas. Yo les digo que se compren un perro o un gato: ¡por lo menos las mascotas dan algo a cambio! Igualmente, el esposo que trabaja muy duro para su familia, tiene el derecho de esperar una casa impecable y la cena servida en la mesa. A pesar de que crié varios hijos, siempre mantuve limpio mi hogar y preparé las comidas. Si todos ponen de su parte, todo tendrá una apariencia de orden.

Estoy convencida de que la pereza es un verdadero defecto en la personalidad. La vida fue hecha para vivirla, no para observarla. De haberlo deseado así, mejor se hubiesen quedado en el Más Allá.

## *Aprendiendo de los temas*

El tema primordial es lo que somos; esto es, la esencia de nuestra alma y la poderosa fuerza de nuestra vida. El segundo tema es lo que venimos a perfeccionar, involucrándolo en nuestra vida constantemente para que nos sea posible aprender de él. En la mayoría de los casos, las almas aprenden de ambos temas (especialmente ahora) debido a que el esquema de la reencarnación está llegando a su fin. Aún cuando cambiemos de temas y de relaciones en cada vida, continuamos manteniendo intactas la esencia original y la personalidad básica a través de todas nuestras vidas.

Puede ser difícil, sin importar cuáles sean nuestros temas. Pero, cuando incorpora otras relaciones en sus propios temas y en las influencias de una vida pasada (eso sin contar con las influencias de *esta* vida), es un milagro que logremos relacionarnos con alguien más. Es por ello que repito constantemente que cuanto más espirituales somos, más nos comprendemos y amamos unos a los otros, lo que da como resultado relaciones extraordinarias con nuestro prójimo.

Por supuesto, ningún tema o propósito debería ser llevado al extremo, porque entonces acabaría con el propósito de su aprendizaje. Jesús preguntaba: "¿De qué le sirve al hombre ganar el mundo entero, si ha perdido su alma?" Pregúntese qué tan lejos está dispuesto a llegar para sacrificarse a sí mismo o su habilidad de aprendizaje, por el simple hecho de decir que hay alguien en su vida. Debe conseguir un equilibrio justo; lo que muchas veces toma años alcanzar.

Adicionalmente, si permite que los problemas de esta (o de cualquier) vida tengan prioridad, puede sabotear cualquier relación. No tiene que traer las experiencias de su pasado a las relaciones actuales: puede acortar el camino entre su propio pesimismo y el de los demás.

Naturalmente, nada es perfecto. Como seres humanos, frecuentemente sentimos que quisiéramos estrangular a nuestras parejas, pero tan sólo es la voz del estrés y de la frustración. Para pelear se necesitan dos, así que en medio de una discusión, muchas veces es mejor alejarse. Esto no significa ignorar el problema, sino simplemente esperar a que su pareja se tranquilice. Pero no lleve esto hasta el extremo de alejarse ante *cualquier* inconveniente. Como mi abuela solía decir: "Nunca se vayan a dormir enojados, pues el problema no se evaporará mágicamente con la luz del amanecer". En vez de eso, despertarán de mal humor y todo el día se sentirán molestos.

Así que, volviendo a nuestros temas, quisiera mencionar algunos de ellos y de los retos individuales que representan. Aquí están, sin un orden en particular:

—El tema como **analizador**, puede observarse en los científicos y en otros campos de alta tecnología, es grandioso a menos que sea llevado a su polaridad opuesta (igual que cualquier otro tema). Tratar de comprender el "por qué" de todo está bien, porque los analizadores aprenden cosas maravillosas; pero analizar cada palabra, cada gesto o circunstancia en la vida como si estuviese bajo un microscopio superpoderoso, se vuelve agobiante para quienes rodean a estas almas.

Si está perfeccionando la paciencia, quizás soporte a un analizador; pero un interrogatorio constante, como: "¿Qué quieres decir cuando haces esto o al hablar de esto o aquello?" puede sacarle de quicio. Si usted es un analizador, trate de aceptar la vida como es. Claro, la gente desea aprender, pero si deshoja la margarita completa, se quedará con un tallo desnudo y se perderá de la belleza de las cosas tal como son.

—El tema de **búsquedas estéticas** abarca a aquellos que sienten afinidad hacia la literatura y las artes, tales como la música, la actuación, el baile, la pintura, la escritura y el canto. Este tema se expresa a sí mismo todos los días. Mi nieta, por ejemplo, dio señales de su amor por la escritura aún antes de que pudiera articular palabra. Estas personas se sienten atraídas por sus talentos innatos; y no descansarán hasta presentarse en Broadway; o llegar a ser cantantes, pintores, actores, bailarines o escritores.

Tristemente, su ansia por convertirse en el centro de la atención tiende a llevar al detrimento a las relaciones. En su estado más bajo, este tema puede ocasionar un falso amor por el ego. Los enamorados de la estética sienten que nadie puede llenar su corazón como lo hace la adoración que les proporciona su público. Sus parejas llegan a sentirse rechazadas debido a que sus seres amados obtienen toda la adoración, haciendo que ellos ocupen una posición secundaria. Los temas de tolerancia y paciencia van bien con el de búsquedas estéticas, pero alguien que está con una estrella tiene que saber refugiarse en su propio centro divino y conocer quién es en realidad. Mis clientes que son celebridades (no mencionaré sus nombres, por supuesto) usualmente son las personas más inseguras: su verdadero romance en realidad es con el público.

— El tema **emotividad** puede ser un reto si (al igual que cualquier tema) usted *se convierte* en él, más de lo que aprende de él. Dicho de otro modo, si todo le perturba, entonces nadie será capaz de soportar su drama constante. Ya que los edificadores son prácticos y estables, pueden ayudar, ya que traen equilibrio y ayudan a otros a construir sus vidas, bloque por bloque.

Sin embargo, aquellos en el tema de la emotividad están tan inmersos en sus sentimientos, que podrían necesitar ayuda médica para estabilizarlos. Como he dicho varias veces, aunque la emoción es lo que les activa, no debería ser utilizada como un pretexto para convertirse en *divos*.

—Aquellos en el tema de la **interpretación**, no necesariamente *requieren* ingresar en el negocio del espectáculo, como lo hacen los buscadores de la estética (aunque en verdad pueden). En vez de ello, tienden a ser el "alma de la fiesta". Siempre tienen bromas, historias o canciones para compartir... cualquier cosa para entretener a la multitud. En su estado más elevado, la gente en este tema es agradable y divertida y serán invitados a todas partes gracias a su chispeante personalidad. Y muchas de estas personas se satisfacen con el sólo hecho de alegrar y entretener en la casa o en la oficina. ¿Quién no quisiera estar cerca de gente tan positiva y feliz?

Con este tema se puede enfrentar la dificultad de luchar contra el desgaste: aún cuando todo lo que tienen que hacer es mirar dentro de sí, y por lo tanto adquirir la habilidad para nutrirse y ser felices consigo mismos. Y debido al acelere actual de nuestras vidas, tristemente ya no tenemos aquellos días en los que todo era simple; en los que los hombres solían reunirse alrededor del fuego o en las tiendas rurales e intercambiaban historias para interpretar o entretener.

Las personas con un tema como la interpretación pueden ser excelentes amigos, especialmente si son del tipo que pasa desapercibido, son agradables y amistosos, en lugar de ruidosamente aburridos. Los analizadores o controladores se llevan bien con ellos, ya que ofrecen equilibrio y alguna clase de habilidad para estabilizar su excesiva necesidad de entretener.

—Los individuos en el tema de la **armonía** desean que todo el mundo sea feliz, y desafían su propia esencia al relacionarse con cualquiera que se sienta miserable. Por consiguiente, es imposible que hagan amistad con los irritantes. Tampoco congenian con los manipuladores, quienes desean controlar cualquier situación a su alrededor: incluida la gente. Y, puesto que aquellos con el tema de la armonía desean hacer las cosas correctamente, tratarán de ofrecer su estima a alguien con el tema indefectibilidad o controlador. No deseo expresar que será inútil, pero estas relaciones pueden llegar a ser increíblemente difíciles.

— El **manipulador** ni siquiera puede congeniar con el **controlador**, ¡porque sería un concurso constante para ver quién gana! Ambos temas tienen que estar en control todo el tiempo, lo que me parece agotador; no obstante, parecen esforzarse por mandar sobre la vida de los demás y hacer que se sometan a su voluntad. Por lo general, el tema del manipulador se encuentra en una situación de chantaje, tal como: "Si no haces lo que te digo, no te daré mi amor ni mi dinero y a lo mejor hasta te echaré de la familia". También lo vemos en situaciones laborales, en las que los empleados son amenazados con perder sus empleos si no hacen lo que dicen sus colegas. Y algunas mujeres se ven atrapadas en malos matrimonios, debido a que no cuentan con otros medios económicos, a menos que se sometan al esposo manipulador o controlador.

Ahora, aunque parezca que es un tema negativo, no podemos juzgar a estas personas. Los temas se pueden modificar en cualquier momento, al igual que utilizamos las lecciones del manejo de la ira para transmutar lo negativo en positivo. También debemos recordar que todos tenemos matices de cada tema dentro de nosotros, gracias a nuestras vidas anteriores. Además, muchos temas que parecen ser negativos, como el controlador o el manipulador, pueden ser utilizados para un propósito más elevado... lo cual, en realidad, los hace bastante positivos.

Muchos de los temas "amables y agradables" tienen también sus propias espinas. Por ejemplo, aun el tema de cuidador puede ser llevado demasiado lejos, al punto en que estas personas cuiden de otros excluyéndose a sí mismos o a sus familias.

— Los temas **el cuidador**, el **humanitario**, y el **rescatador** son hermanos; y sus retos pueden ser más internos que externos. Estos tres temas, aparentemente altruistas, pueden crear conflicto con la gente a su alrededor; y estos dadores pueden llegar a inmovilizarse, pues se esfuerzan tanto por dar todo lo que tienen, que casi no les queda nada para sí mismos o para sus seres amados. Yo tengo el tema humanitario, por ejemplo, y me tomó varios años darme cuenta que no siempre podía ser todo para todos, sin importar cuánto deseaba serlo.

Amo a mi prójimo; y a través de mis enseñanzas, de lo que escribo, de mis conferencias y de mis presentaciones en televisión, honestamente, he intentado ayudar a otros en sus tribulaciones. He cometido errores y me he encontrado con obstáculos en el camino, pero lo que en realidad he aprendido es que si nunca me freno, me desgastaré a tal punto en que no pueda ya hacer nada por nadie. Nunca me llegó con tanta claridad, hasta que un día mientras caminaba por mi oficina, escuché a uno de mis queridos asociados hablar por teléfono, y decía algo más o menos así: "Sí, ya sé que tienes un problema y estoy en ello, pero si le pedimos a Sylvia que ayude a cada persona que la necesita y en el momento en que la necesita, ya no nos quedaría más Sylvia. Después de todo, sólo tenemos una como ella por aquí".

Pensé en eso y comencé a recordar los años recientes: habían sido un verdadero diluvio de casos criminales, lecturas, apariciones en medios, conferencias e inclusive llamadas nocturnas de los departamentos de la policía. Entonces comencé a establecer prioridades para mi tranquilidad y por el bien de mi salud. Continúo ayudando a miles de personas porque amo mucho lo que hago, pero ahora me permito algo de tiempo libre tan sólo para escribir (lo que me relaja), bordar y pasar tiempo con mi familia.

Si está identificado con el tema de cuidador, humanitario o rescatador, las relaciones pueden ser difíciles por el tiempo que dedica a ayudar a los demás. Su pareja o sus hijos se pueden preguntar a menudo: "¿Y qué hay de nosotros?" Y en muchas ocasiones, sin importar lo que haga, no será suficiente, porque desean su completa atención.

Estas categorías no necesariamente van de la mano, porque también congenian con el tema de edificador, armonía o justicia. Si elige crear un vínculo con alguien que tenga alguno de estos temas, podrán entenderse bastante bien si ambos tienen el mismo enfoque para ayudar a la gente, pero debe asegurarse de que él o ella mantenga un ritmo adecuado, suficiente para darle tiempo a usted *y* a él mismo o a ella misma.

— Los **rescatadores** son probablemente los más testarudos y determinados de todos los temas. Si no tienen cuidado, le salvarán (sin importar si usted desee o necesite que lo salven) y entonces lo dirigirán hacia su idea de lo que le hará feliz a usted. En su etapa moderada, las personas en este tema desearán reinventarle o serán grandiosas en moderaciones o intervenciones, pero parece que no son capaces de rescatarse *a sí mismas*. Sin embargo, en su forma más elevada, este tema se manifiesta en el médico de la ciudad que llega a un pequeño pueblo, o en la persona que improvisa una escuela en un barrio pobre. El Padre Flanagan (fundador de Girls and Boys Town) fue un maravilloso ejemplo de un rescatador elevado.

— El tema del **seguidor** no es malo en sí, pero se debe observar muy de cerca, porque puede llevarlo a ser controlado y manipulado por una persona que predique ser perfecta. Entonces, entra el tema de la **falibilidad**, que está usualmente tan lleno de humildad y de escrupulosidad, que quienes lo tienen pueden ser muy irritantes. La idea de que estar siempre humildemente equivocado, puede llevarle a la locura... hasta el punto de querer decir: "¡Deja de deleitarte en tu dolor y sentimiento de culpa!" Esta persona está siempre obsesionada con lo poco valioso o valiosa que es. Generalmente, las personas con estos dos temas se convierten en el blanco o la presa de quienes tienen temas como indefectibilidad, controlador o manipulador, que únicamente ven por sí mismos.

Es importante que si tiene un tema como falibilidad o seguidor, comprenda que no puede sacar provecho de estar con estas personas con la finalidad de mejorar su karma: en cuanto se dé cuenta en que se involucró, obtenga lo que necesita de tal situación y aléjese. No aprenderá nada dejándose llevar por quienes le controlan y le desgastan.

—Dentro de su tema, **los perseguidores** frecuentemente tienden a reprimir las causas ajenas. Ya que son abusadores, genocidas o torturadores, puede ser difícil entenderlos, pero están aquí para ayudarnos a aprender. Después de todo, si no tenemos un lado oscuro, no podemos perfeccionar nuestras vidas ni nuestra espiritualidad. Aquellos con este tema usualmente no tienen relaciones duraderas; y las que llegan a tener son transitorias y violentas, ya sea física o verbalmente. Si tan sólo pudieran llevar una vida como la de Cristo, nunca pensarían en condenar a los demás. Los únicos individuos de quienes Jesús hablaba en contra, fueron los fariseos (hipócritas que predicaban de una manera y actuaban de otra).

—Del otro lado de la moneda, quienes tienen un tema relacionado con la **persecución** pasan su vida preparándose para lo peor. Tienen la seguridad de que cualquier cosa que suceda les afectará; y también tienen la creencia de estar bajo una maldición, lo cual por supuesto no es verdad.

Si es éste uno de sus temas, puede serle difícil relacionarse, a menos que se trate de alguien con un fuerte tema espiritual como tolerancia o rescatador; y, aún así, sería una relación frágil. Tan sólo recuerde que todos los temas fueron diseñados para permitirnos crecer espiritualmente, así que el hecho de elegir uno difícil representa su deseo de perfeccionarse en él, no de hundirse en él.

—Aquellos con el tema **perdedor** pueden tener varios puntos positivos, pero usualmente eligen ignorarlos.

A diferencia del tema de persecución, hacen un gran esfuerzo para crear un drama, y también parecen colocarse en situaciones riesgosas. Cuando compramos un billete de lotería, la mayoría de nosotros no piensa demasiado si no gana. Pero el perdedor dirá: "No sé por qué compré ese billete en primer lugar; nunca me sucede nada bueno". Lo más sorprendente es que si algo bueno llega a ocurrirles, lo sabotearán.

Lamentablemente, las mujeres se sienten atraídas por perdedores más que los hombres. Tan sólo observe a las chicas que desean casarse con prisioneros. Hay algo en el temperamento femenino (además de sus propios temas) que desea proteger o arreglar. Pero no puede crear una relación satisfactoria con un perdedor. No creo que ni siquiera quienes tengan un tema de persecución podrían sobrellevarlos, ya que competirían por el título de "a quién le va peor". Todos conocemos a estas personas, y aun con lo emocionalmente molestas que pueden ser, deberíamos esforzarnos en ser lo más amables posible. Pero tampoco deberíamos pasar mucho tiempo cerca de ellas, ya que el pesimismo engendra pesimismo.

Nuevamente, trate de no juzgar, porque debe mirar a estas personas como alguien de quien pueda aprender. Sin embargo, perfeccionarse no significa que deba rescatarlas (y no se lo permitirían, de cualquier manera). Y recuerde, si siente que tiene este tema, puede trabajar para superarlo. Al enriquecer su relación con Dios, lo mantendrá bajo control.

—A diferencia de los perdedores, aquellos en un tema de **rechazo** en realidad se sienten repelidos, sin importar la razón. Ahora, es verdad que todos los temas trabajan desde nuestros sentimientos internos, los que se manifiestan hacia nuestra realidad exterior, pero estas almas aparentemente no pueden hacer nada bien. Ya sea en su forma de lucir o actuar, se sienten rechazados, y esta inclinación tiende a comenzar en la infancia. Igualmente, como en otros tantos temas, una vez aprendida la lección, el esquema puede ser destruido para que el falso ego finalmente se rinda. Pero esto sucederá únicamente si la persona se cansa de ser víctima del desprecio y desea auténticamente que este patrón de comportamiento termine.

La gente que tiene este tema es buena con los activadores, los cuales pueden tener tantas cosas en que les va bien o que son productivas, que pueden ayudar a salir adelante a quienes se sienten repelidos.

—El **solitario** también es un tema difícil, si (como en todos ellos) uno no se esfuerza. Ahora bien, mientras mi tema principal es humanitario, solitario es mi tema secundario. Muchos temas son opuestos. Este es obviamente mi caso personal, porque, ¿cómo se puede estar ante el público y aun así ser solitario?

Después de mucho buscar dentro de mi alma, caí en la cuenta de que mis habilidades psíquicas algunas veces me aislaban. El hecho de que este don por lo general es mal comprendido, me coloca muchas veces en un sitio solitario. Jamás me he sentido sola, pero nuevamente, es el marco mental o la esencia lo que emana del tema. También me parece que la gente reservada tiene como tema ser solitario. Sí, mi *vida* es un libro abierto, pero mi *mente* no; y quizá estoy más consciente de ello que otros que no tienen este tema.

He aprendido a lidiar con este tema y a conciliarlo con mi segundo tema, que es humanitario; dedicarme a escribir, a leer y a la investigación, me proporcionan mi tiempo de soledad para luego poder salir y disfrutar de la presencia del público.

—Quienes tienen el tema **pasividad** son tan faltos de compromiso que parecen ser ociosos. En realidad, no tienen demasiada pasión por la vida. De tener la oportunidad de entrar en un monasterio, serían buenos monjes, si se pudieran organizar; ya que cuando participan en algún asunto, lo hacen siempre sin violencia.

Recuerdo cuando mi amigo Bob Williams y yo, encontramos algunos grupos de estas personas en diversas reuniones, en los años sesenta. No eran de los que luchan por una causa, portadores de emblemas, ni guerreros: parecían simplemente desear que la vida pasara y por tanto, permitirles vivir sin las preocupaciones cotidianas. Deseaban ser distintos; pero lo que me sorprendía era que todos vestían, hablaban y lucían igual.

Hay algunos temas que no comprendo; y la pasividad realmente me desconcierta. La imagen de un hombre religioso meditando en una roca me viene a la mente. Y siempre quiero decirle: "Baja y ocúpate ayudando a los demás, como hizo Jesús"; pero tenemos que ser tolerantes respecto al camino que todos eligen. El sólo hecho de que no estemos de acuerdo con algo, no lo hace incorrecto. Mientras las personas difíciles de entender no dañen a nadie más, me parece que deben tener libertad de vivir y perfeccionarse de la manera que consideren correcta.

Un activador o un catalizador puede ayudar a quien tenga un tema de pasividad, ofreciéndole una causa por la que se sienta motivado.

— Muchos se relacionan con el tema de la **paciencia**; sin embargo, es uno de los caminos más difíciles de perfeccionar. Las personas con este tema pueden llegar a ser muy escrupulosas aun consigo mismas, porque con frecuencia se sienten culpables cuando son impacientes con sus hijos, con su familia, con sus compañeros de trabajo, etc. Pero fácilmente se molestan por cualquier cosa: sus parejas tienen que llegar siempre a tiempo, la basura tiene que sacarse inmediatamente o el pasto debe cortarse ahora. Todo tiene que ser *ahora*. La persona con este tema debería meditar, respirar profundamente y estar conscientes de que todo toma su tiempo. (Me recuerda al auto que rebasa con rapidez, tan sólo para encontrarse con otro en el siguiente semáforo). Intente ser compasivo con usted mismo y con los demás, y repita con frecuencia: *Todo se realizará a su debido tiempo;* obsesionarse con cualquier cosa tan sólo origina estrés, y el estrés origina enfermedades. Y aun cuando hay muchos "ahoras" en la vida, no siempre tienen que ser *su* ahora.

La gente con el tema de la paciencia se enfrenta constantemente a pruebas, es ahí donde radica su dificultad. Si pueden superar sus temas, tales personas pueden ser de las más amables y afectuosas del mundo, convirtiéndose en grandes amigos y parejas para aquellos de nosotros que tendemos a no ser tan pacientes. Al parecer, también son magníficos oyentes y pueden tranquilizar a aquellos de nosotros que somos más emotivos. La paciencia va bien con el activador, el catalizador y el experimentador, ya que quienes tienen estos temas son más impulsivos, y usualmente llevan a cabo sus planes con rapidez y a tiempo.

—El tema de la **tolerancia**, aunque en algunos aspectos es parecido al de la paciencia, está más acentuado, ya que abarca varios aspectos más profundamente. En su faceta más negativa, puede oponerse a sí mismo y volverse *in*tolerante causando en quienes lo tienen, una actitud crítica e intolerante. Puede parecer bastante obvio, pero tener este tema significa que estas personas deben aprender a tolerar los obstáculos de la vida, los defectos en sí mismos y en otros, así como a la gente con diferentes puntos de vista. Esto no significa que deban mantenerse apartados y consentir la crueldad, las injusticias o la desigualdad, pero este tema en realidad ejemplifica la frase: "Vive y deja vivir".

Habrá que notar que no solamente a aquellos de nosotros con los temas de paciencia o tolerancia nos irritan los hábitos personales o la idiosincrasia. Siempre me ha disgustado escuchar a las personas que mascan la goma haciendo ruido; pero nada como quien hace sonar los labios o aspira sus dientes mientras come. También tengo una amiga que hace resollar su nariz de una forma terrible; puedo dejarlo pasar si estoy de humor y tengo paciencia, pero más o menos después de una hora, he tenido suficiente. Supongo que he aprendido a tolerar a los seres humanos, más que a sus propias costumbres.

Tenga en mente que la idiosincrasia de las personas no tiene nada que ver con el color de su piel, con su credo o ideas políticas. ¿Quién es uno para juzgar el modo de vida o el sistema de creencias de alguien más? Debemos recordar siempre lo que Jesús dijo: "Con la misma vara que juzguéis, seréis juzgado".

—El tema de la **pobreza** puede enloquecer a cualquiera a su alrededor. Mientras esto sucede en las naciones en vías de desarrollo, he descubierto que la gente pobre en Turquía, África, Grecia, México y otros países, no suele ser conscientes de la pobreza en la que vive. Parece ser que los estadounidenses advierten y juzgan más a los pobres, tornándose sordos y ciegos ante esta difícil condición.

Todos los temas son internos y pueden volverse parte fija de nuestros pensamientos; aquellos con el tema de la pobreza muchas veces temen no tener lo suficiente o terminan viviendo en las calles. Y aunque vivan económicamente cómodos, se sientan pobres, o gozan de abundancia monetaria, pero le temen tanto a la pobreza que se vuelven avaros. Y como mi abuela solía decir: "Muchas veces, cuando la pobreza entra por la ventana, el amor sale por la puerta". Suena trágico, pero es verdad.

El tema de la pobreza va bien con quienes están en el tema de la supervivencia o con los ganadores, porque saben enfrentar sus temores al superar obstáculos y conseguir dinero.

—El tema de la **responsabilidad** suena maravilloso, pero en realidad es muy difícil. Es también la contraparte del humanitario y del rescatador. La persona con este tema se siente responsable por todo y por todos, en ocasiones hasta el punto en que se olvida de quienes la rodean. Siente que tiene que consolar a todo aquel que se le acerque, y es la primera en levantar la mano cuando alguien solicita un voluntario.

Este tema, con moderación puede ser grandioso, pero también puede llevar al olvido de la familia y de los amigos. Por ejemplo, en una sesión psíquica, un hombre me comentó que el trabajo de voluntaria de su esposa y sus obligaciones con la comunidad eran dignos de admiración, pero estaban provocando que sacrificara las relaciones con su familia. Sí, es muy loable ayudar a otros, pero tenemos que establecer prioridades. Si dejamos que nuestra familia y seres amados tengan que mendigar, la alabanza desde el exterior parecerá bastante hueca.

Si usted tiene un tema de responsabilidad, su reto es decidir lo que es realmente importante para usted y para los suyos; y después ser capaz de retroceder y aplaudir cuando alguien más pueda colaborar. Tendrá éxito en una relación con alguien en el tema justicia, porque equilibrará su vida. El pacificador es igualmente una buena opción, porque le proporcionará un equilibrio de humanidad y de humildad.

—La **justicia** también suena como un gran tema, pero puede ser difícil vivir con estas personas si usted no tiene los mismos intereses. La razón es, que es tanta la injusticia que ven en este mundo, que casi los agobia. Deben darse cuenta de que no pueden arreglar el mundo, pero *pueden* hacerlo en su interior para Dios y para el círculo de personas que les rodea.

—El tema de **pacificador** no es tan específico como aparenta. A diferencia de quienes luchan por la causa, las almas en este tema generalmente utilizan un campo más amplio de oportunidades para desplegar lo que sienten que es correcto, al tiempo que necesitan de una mayor audiencia a través de la cual puedan hacer llegar sus ideas.

Muchos de nosotros rechazamos la imperfección en el mundo, pero los pacificadores sienten que es su deber crear la paz *en todas partes*. Se integrarán a la política y se volverán miembros de organizaciones tales como Greenpeace, y estarán motivados a reunir gente que siga sus pasos. También pueden ser grandes oradores.

Es muy importante que los pacificadores permanezcan en contacto con sus familias y con sus seres amados, tanto como quienes tienen el tema de la responsabilidad. Congenian bastante bien con aquellos en el tema de la armonía o la legalidad, que se adaptan bien pero tiene más control intelectual.

—Aquellos en la categoría de la **legalidad** pueden ser igualmente activos a quienes tienen el tema de la justicia, los luchadores por la causa y los portadores de emblemas, con excepción de que el primero está casi obsesionado con los asuntos de legalidad. La gente en este tema está al servicio de los demás y le preocupa mantener el mundo a salvo, como los policías, abogados, bomberos o aquellos en cargos del gobierno. Esto está bien, a menos que crezca su ambición por el poder y les interese más su propio beneficio..., pero he visto que esto sucede muy pocas veces, ya que las personas en este tema tienden a estar tan ocupadas sirviendo bien al público, y trabajando para mantener a salvo a la sociedad, que no tienen tiempo para su crecimiento personal.

—Quienes tienen el tema de la **espiritualidad** pueden sentir un fuerte impulso; y al mismo tiempo, ser perspicaces, compasivos y benévolos. Mientras las recompensas de su búsqueda en ocasiones serán maravillosas, a estas personas les puede faltar discernimiento intelectual al ir tras su satisfacción espiritual. Deben tener cuidado, o podrían verse atraídos inclusive hacia lo oculto.

—El **peón** puede ser uno de los temas más confusos, especialmente en las relaciones. Las personas en este tema pueden crear una situación o saltar hacia otra ya existente y desencadenar reacciones. Están convencidos de que deben ser "la chispa"; y en muchas ocasiones, lo son. También enfrentan cierta dificultad para encontrar y mantener relaciones porque la mayoría de la gente no comprende sus obsesiones. Gandhi, por ejemplo, fue peón, y su obsesión fue tan grande que estuvo dispuesto a padecer hambre por ella. Aun su esposa e hijos fueron relegados a un segundo plano, mientras él iba tras su excesiva necesidad de lograr la libertad económica y la independencia para India.

Los peones pueden congeniar con quienes tienen el tema de buscadores de la estética, ya que estos últimos tienen sus propios planes de avance y permitirán que los peones realicen su propia labor.

—A primera vista, el tema de la **supervivencia** parece ser más entendible, en el sentido de que *todos* somos sobrevivientes en el sitio de aprendizaje de un planeta, pero este tema es más específico. Sí, todos sobrevivimos, pero aquellos en este tema hacen de su punto focal conseguirlo *a cualquier precio*. En su forma elevada, estas almas logran superar cualquier contratiempo y ayudan a otros a lograr lo mismo: pueden ser los héroes de la guerra y encabezan grupos de paz. A diferencia de los luchadores por la causa o los portadores de emblemas, no sienten que están luchando por una causa, sino simplemente superando las adversidades. También pueden ser muy positivos y decididos, creyentes de que conquistarán todas las oportunidades, y por lo general lo hacen. Aun cuando se sientan frustrados, vencerán siempre a través, o alrededor, de cualquier obstáculo.

Las almas en este tema también pueden llegar a ser muy buenas en los negocios y esforzarse para tener éxito en muchas áreas. No es inusual, como el catalizador, que manejen con éxito varias ocupaciones al mismo tiempo. Sin embargo, en su forma más baja, el tema de la supervivencia puede causar que la gente se vuelva avara y determinada a triunfar, sin importar cómo tenga que hacerlo. Pueden a veces llegar a cometer actos criminales o usar los medios necesarios para asegurar que estarán bien.

Si está involucrado con una persona en un tema de supervivencia, funciona bien si le permite llevar las riendas, pero si su pareja siente que está reteniéndola, todo acabará. Estuve casada con alguien en este tema... no necesito decir más. El humanitario no acepta bien el hecho de sobrevivir a toda costa. No es crítica: simplemente es una mala combinación. El tema de la pasividad funciona bien aquí porque una persona con el tema de la supervivencia cuidará de ambos. El tema de cuidador también irá bien debido a que esta persona le proporciona cariño, ternura y protección. Y los edificadores son una buena combinación, porque apoyan a los que tienen el tema de la supervivencia y les ayudan a cumplir sus objetivos.

—Un tema como la **templanza** puede ser particularmente difícil, porque exige mucho del individuo. La gente en este tema, tiende a tomar o a hacer todo al extremo. Puede referirse a las drogas, al alcohol, al juego o al sexo; puede ser su principal obsesión tener éxito y trabajar en exceso; o su feroz necesidad de producir arte, música o trabajo de cualquier clase. Lo que en apariencia no pueden realizar con moderación, puede llegar a controlar sus vidas y a convertirse en también en una obsesión.

Aquellos en este tema pueden enfrentar dificultades al encontrar a alguien con quien compartir sus vidas, porque tienden a hallar placer creando el caos. Aun así, mucha gente puede ser adicta al drama, al pesimismo o inclusive a sentirse mártires. Si el tema de la templanza es llevado a un alto nivel, aquellos en esta categoría irán bien con el tema armónico o perfeccionista, en virtud de que todos desean un entorno de cordura en la vida.

—El tema de **víctima** también es difícil de lidiar; y muchas veces es aún más duro tenerlo cerca. Es cierto que muchas almas elevadas vienen a ser sacrificadas por un bien mayor; por ejemplo, las mujeres que fueron sacrificadas en la hoguera como brujas, tomaron este tema para mostrarle al mundo eventualmente lo que ocurre cuando la religión y la histeria masiva se salen de control. Juana de Arco fue una víctima del orden más elevado: llevó a Francia de una victoria a otra, pero como escuchaba voces, fue condenada a la hoguera. Otro trágico ejemplo fue el de los millones de judíos (y algunos de mis parientes lejanos) que fueron aniquilados en manos de los nazis dirigidos por Adolfo Hitler. Estos son los santos que ayudaron al mundo a darse cuenta de lo que un malvado dictador puede hacerle a gente inocente.

Lamentablemente, este tema se relaciona en menor grado con los mártires, quienes sienten que el mundo está en contra suya y están inmersos en la autocompasión. Sin importar lo que suceda, las víctimas tienen la certeza de ser el blanco de ataque. Se sienten culpables por todo, hasta de provocar situaciones o buscar gente que los haga sentirse deprimidos y alimente en ellos el sentimiento de baja estima.

Es difícil para la mayoría de nosotros comprender que haya alguien en este tema y que se van hundiendo en él, en lugar de superarlo. Claro, y lo he dicho antes, puede suceder con cualquiera de los temas, porque existen para aprender de ellos y superarlos o elevarlos; y, tristemente, muchos no son capaces de conseguirlo. Por lo tanto, si usted tiene este tema, intente apreciar la vida con dicha, en lugar de asumir la suposición de que todos se quieren vengar de usted.

Para aquellos en el tema de la víctima, puede ser bastante difícil hallar una relación, debido a que cada acto llevado a cabo puede confundirse con una agresión hacia ellos. Sin embargo, *pueden* llevarse bien con los analizadores porque es posible que les ayuden a discernir porqué se sienten así. Los experimentadores también pueden mostrarles distintos ángulos respecto a la vida que les ayuden a distraer la atención sobre sí mismos.

—El tema de **victimario** es muy oscuro; y de no superarse, puede llevar a la persona a convertirse en asesino o acosador. Y si no someten a sus víctimas de forma física, lo hacen mentalmente, lo que puede ser igualmente duro y dejar cicatrices igualmente profundas.

En realidad, sólo me he topado con una persona en este tema; lo conocí cuando pasé por una estación de policía, en Seattle, Washington. Me pidió que le dijera lo que iba a ocurrirle. (Lo iban a sentenciar a cadena perpetua). No tenía remordimientos de ninguna clase, de hecho, estaba sólo preocupado por sí mismo y por lo que le iba a suceder. Así que, a diferencia de otros temas que se interesan por el amor, las finanzas y por estar haciendo lo correcto y en el buen camino, a los victimarios únicamente les preocupa saber si saldrán heridos.

El tema del victimario aparentemente va bien con las víctimas, pero parece que es muy fácil para ellos, probablemente, porque sienten que ya han sido demasiado sometidos por sí mismos y que no representaría un gran reto ir tras alguien que ya se siente desmerecido y que se regocija en su propia lástima. Lamentablemente, los rescatadores pueden dejarse atrapar por el sentimiento de que pueden salvar a este tipo de personas. Los seguidores igualmente, deben tener mucho cuidado de no entusiasmarse con estos individuos, usualmente carismáticos y convincentes.

Nuevamente, quiero enfatizar que puede resultar difícil tratar de entender estos temas, pero de ellos aprendemos lo que *no* debemos ser y con suerte seremos más amables durante el proceso. A veces es bueno tener un ejemplo negativo para ayudarnos a enmendar el rumbo hacia una relación mejor y más sana.

Mi abuela solía repetir: "Afortunada (o a veces, desafortunadamente) puede existir alguien para cada quien". No necesariamente es algo bueno, ya que si observa a su alrededor, pueden darse las combinaciones más extrañas, pero siempre es con el fin de perfeccionar nuestras almas. Cada conexión que creamos nos lleva a entender algo que no siempre podemos discernir en esta vida: quizá no sea sino hasta que regresemos al Más Allá, que seremos capaces de comprender lo que estábamos aprendiendo; y apreciar por qué elegimos algunos de los temas que representaban un reto o las relaciones de nuestra vida.

—El siguiente tema que deseo mencionar es el **ganador**, con el cual uno no se cruza demasiado en la vida, a menos que se desenvuelva en los mismos círculos que Donald Trump, Oprah Winfrey, Bill Gates, Tiger Woods, o Madonna. No tiene que encontrarlos en el mundo de las celebridades, porque también pueden vivir a su lado, pero estos nombres le dan una idea de cómo es el ganador. En su forma elevada, como los ejemplos mencionados, los ganadores tienen una gran motivación frente a las dificultades. A diferencia de la supervivencia, los ganadores tienen un objetivo definido en mente y son capaces de alcanzarlo. En su forma baja, se manifiesta en la clase de personas que anhelan a la mujer ajena o al esposo ajeno: únicamente por decir que son mejores y que han ganado. También pueden sabotear a sus compañeros de trabajo con tal de congraciarse con los jefes.

El ganador puede ser más contradictorio que los otros temas. Por ejemplo, cuando son buenos, son muy, muy buenos; pero cuando son malos, son terribles. Lo he visto en muchas ocasiones, cuando alguien adopta el papel del hermano bueno y hace al otro parecer malo con tal de ganar la aprobación. Es realmente maravilloso tener el espíritu del ganador dentro de todos nosotros (como la espiritualidad) pero pisotear a los demás o sentir el impulso de ganar a cualquier precio es una manera peligrosa de mirar la vida.

Aquellos en este tema se llevan bien con los activadores, catalizadores y edificadores porque pueden animarse mutuamente.

---

Puede parecer que sólo le he hablado del aspecto negativo en este capítulo, pero espero que vea que si nos liberamos de situaciones desafiantes, nos quedaremos con una pareja con la que en realidad congeniamos y que nos traiga alegría, en lugar de sufrimiento que derive en divorcio. Y sin importar qué temas tengamos, podemos compaginar con la mayoría de los demás. Como sugerí previamente, sin embargo, todo esto depende de si la otra persona ha llegado a un entendimiento espiritual con sus propios temas. De ser así, entonces en la mayoría de las categorías pueden crear una buena pareja sentimental, amistades o familias.

Siempre he sentido que todos deberíamos ganar, ya sea en una relación o en un negocio, o inclusive en una fiesta. Por ejemplo, no hay nada más aburrido que escuchar a alguien que solamente discute acerca de un tema, una causa o un enfoque. Nadie desea sentirse consumido por algo así. Sí, podemos sobrellevar la obsesión de otro, pero no por mucho tiempo. Siempre me desconcierta que la gente no sepa que es aburrida. Tienen que saber observar cuando nuestros ojos se muestran vidriosos, estamos inquietos o tratamos de evitar bostezar. Debemos ser conscientes de esto con nuestros amigos y seres amados; y permitirles hablar. Cuando nos entusias-

mamos por algo, es necesario concederles también la oportunidad de hablar de sus propios problemas, o de lo que les apasiona.

Muchas son las relaciones que fracasan porque al parecer una sola persona lleva el hilo de la conversación y deja a su pareja en silencio, (ya sea porque siente que no tiene nada qué decir, o porque es demasiado lenta como para articular una opinión). Si usted es quien domina en una relación, debe incluir a la otra persona muchas veces sólo preguntando: "¿Qué opinas?", lo cual puede ser un buen modo de hacerle sentir que su opinión es apropiada y valiosa. La amabilidad y la consideración son dos de los factores más importantes en cualquier relación.

# Capítulo diez

# LA PAREJA IDEAL

*A*ntes de volver a los temas, y a cómo intervienen en nuestras relaciones, me gustaría hablar de la homosexualidad. Aunque la unión de parejas del mismo sexo actualmente es la novedad, la homosexualidad ha estado entre nosotros desde que existimos los seres humanos. No es un derivado de los males de la sociedad moderna, como muchas iglesias conservadoras o líderes religiosos quisieran hacernos creer. La homosexualidad ha sido bien documentada en civilizaciones antiguas, y muchos personajes famosos a través del tiempo han estado orientados hacia su mismo sexo y han aportado grandes contribuciones a la humanidad. Me parece que debemos permitir que la gente ame a quien elige amar.

Muchos homosexuales que conozco, y que realmente amo, no necesariamente son almas que han tenido vidas anteriores siendo mujer y que llegaron en un cuerpo masculino, o viceversa. Cuando esto sucede, sin embargo, imagine: ¿cuál sería su predilección para una relación sentimental? Los homosexuales frecuentemente llevan los temas de Experimentador, o inclusive Perseguidor o Víctima. Como muchos de los judíos de la Segunda Guerra Mundial, han venido a la Tierra para despertarnos a todos de los horrores de la intolerancia.

El grito de la sociedad en contra de los homosexuales y de su derecho a contraer matrimonio (promovido como siempre por la religión) es ridículo. Amor es amor, así que ¿por qué debería importarnos quién está con quién, mientras el amor esté presente? El sacramento del matrimonio es un compromiso entre dos individuos que se aman. La religión debería centrarse en ese *compromiso* y en el *amor* entre las dos partes, especialmente con las altas tasas de divorcios y no en el género de quienes desean casarse.

### Temas que se combinan bien

Volviendo a los temas, me gustaría dedicar este capítulo a enfocarme en aquellos que combinan muy bien. Ahora, no tiene que andar por ahí preguntándose cuáles son los temas de cada persona antes de decidirse por una pareja o una relación. Una vez más, tan sólo intento proporcionar un mapa más detallado de nuestro proceso de aprendizaje, para mostrarle por qué sí o por qué no congenia con otras personas. Le aseguro, sin embargo, que después de haber leído los temas con más detalle, comenzará a comprender por qué hace migas de maravilla con algunas personas, mientras que simplemente no puede lidiar con algunas otras.

—Un **experimentador** se lleva bien con los activadores e inclusive con los catalizadores. El último es lo que llamo "el Alka-Seltzer que hace burbujear al agua", y que hace que las cosas sucedan, quizá no tan ávidamente como lo haría el activador, pero ambos tienen mucho en común.

—El **portador de emblemas** y **el luchador de causas** se llevan bien. Al portador de emblemas se le encuentra colocando vallas y haciendo demostraciones contra la injusticia, algunas veces enfocándose en *demasiadas* injusticias, mientras que el luchador de causas permanecerá al lado suyo física o verbalmente, hombro con hombro contra cualquier causa que le apasione. Mi querida amiga Linda es una luchadora de causas; y de sentirme acorralada alguna vez, me gustaría tenerla a mi lado. A los luchadores de causas también les va muy bien con el tema de la justicia.

—Como muchos de los temas "para personas", los **sanadores** deben tener gran cuidado de no adquirir la enfermedad que están tratando de curar. Es muy importante para estos individuos protegerse con "espejos mentales", para absorber lo negativo y rodearse a sí mismos, y a aquellos con quienes trabajan, con la luz blanca del Espíritu Santo.

La mayoría de la gente que trabaja en áreas médicas o especialmente en las holísticas, tiene este tema. Para quienes sanan a través de sus manos, es especialmente eficaz cuando la relación con la persona que van a curar es pura. Los sanadores jamás deberían utilizar su propia energía, sino ser un conducto a través del cual se exprese la energía de Dios. El tema psíquico va bien con éste.

—El **intelecto** es uno de los temas que me parecen más fascinantes que la apariencia física o que cualquier otra cosa. Encuentro realmente atractivos a aquellos que utilizan su mente para leer, para investigar y explorar. Charles Darwin, Stephen Hawking y Jonas Salk (que dedicaron su investigación para ayudar a la humanidad) en verdad se perfeccionaron en este tema. Quienes ten-

gan el tema del intelecto pueden congeniar con los solitarios, humanitarios y activadores.

—El tema del **líder** es muy interesante. Aunque no suelen innovar tanto como los activadores, piensan con anticipación y portarán la capa del liderazgo. Este tema va bien con el seguidor o con el experimentador porque el primero mantiene al líder a cargo; mientras que el segundo aporta emoción a sus vidas, especialmente debido a que los líderes tienen la tendencia a obsesionarse con el trabajo si no encuentran una forma de entretenimiento.

—Como en la astrología, algunos temas funcionan mejor en la mujer que en el hombre, y viceversa. Por ejemplo, el tema del **guerrero** se adapta mejor al varón. No quiero decir que la mujer no pueda serlo, pero tienden a ser más suaves. Mis hijos, por ejemplo, tienen este tema (proveen a sus familias y protegen sus hogares con furia), e igualmente mi nieta, Angelia. Es muy femenina, pero está ansiosa por ser mayor para poder salvar a todos los animales, e ir a Washington para exponer sus ideas sobre cómo mejorar las leyes de los impuestos.

Estas almas son usualmente quienes toman los riesgos y pueden asumir varios retos físicos. El General George Patton ejemplificó este tema al declarar: "Dios, ¡amo la guerra!" No todos los guerreros son militares, podemos verlos en acción para proteger a sus seres amados. Me parece que este tema es innato en muchos varones a quienes nos les queda gran cosa por defender.

Aquellos en temas como activador, armonía o pacificador calman el fuego del guerrero, por lo que forman una buena pareja.

—Siempre he dicho que necesitamos a los **perfeccionistas** para hacer bien el trabajo en este mundo. Es cierto, sin embargo, que debe existir la moderación para todas las cosas. El reto de este tema es dejar de creer que son los únicos que saben cómo debe llevarse a cabo todo.

Congenian bastante bien con el tema armonía ya que pueden tranquilizar al perfeccionista. Quienes tengan el tema de paciencia y tolerancia también formarán buenas parejas, porque saben que es simplemente la manera en que el perfeccionista se desenvuelve.

—◄◊►—

Terminaré este capítulo desviándome un poco para hablar del tema **psíquico** más a fondo. Mientras este tema es justo lo que parece ser (la capacidad de ver lo que otros no pueden), a muchas personas les parece extraño que yo no lo tenga. Lo que sucede es que psíquica es lo que yo *soy*, no lo que estoy perfeccionando. Alguien en este tema puede ser médium, clarividente o clariaudiente, tener visiones a distancia, sanar y usar la telequinesia; y aunque muchos tienen una o varias de estas habilidades, no he conocido a alguien que las tenga todas. Por ejemplo, admito libremente que no soy médium física y por lo tanto, no tengo poderes telequinésicos.

Como con cualquier tema, las almas que lo hayan tomado deben utilizarlo sabiamente... reconociendo que sólo son el canal por medio del cual se obtiene conocimiento de Dios, del Más Allá y de sus propios destinos de vida. Esta habilidad también puede suscitarse de repente: Edgar Cayce la obtuvo en una etapa avanzada de su vida, mientras que Peter Hurkos supuestamente adquirió la habilidad tras caer de una escalera. Además, la gente en el tema psíquico parece descubrirlo de mala gana, porque sienten que no es algo normal y por lo tanto intentan negarlo. (Yo obtuve la habilidad desde que nací y a pesar de que luché contra ella, ya existía una larga historia de psíquicos en mi familia que me ayudó a usar este don con la ayuda de Dios y por los motivos correctos).

Si no es elevado, las personas que tengan este tema pueden llegar a ser supuestas adivinas que le dirán que una maldición cayó sobre usted. Tienen algunos conocimientos para atraparle, pero los utilizan como un gancho. Ningún psíquico tiene la razón al cien por ciento; y cuando alguno le diga que le ofrece un mensaje a cambio de cierta cantidad de dinero..., aléjese. Esto es ilegal, sin mencionar que es moralmente incorrecto.

Hay algunos psíquicos excelentes, pero lamentablemente, ellos (al igual que yo misma, en ocasiones) nos vemos eclipsados por estos charlatanes. Como psíquicos legítimos, debemos luchar continuamente contra el estigma que estos estafadores dejan como legado. Cada vez nos encontramos más frecuentemente con gente de baja reputación en otras áreas, tales como la religión, la medicina, las leyes y los negocios. Gracias a ciertos indignantes escándalos, y al impacto inmediato de los medios, parece que actualmente luchamos a diestra y siniestra contra la corrupción. Por alguna razón, sin embargo, los psíquicos no solamente son vistos como sospechosos por las autoridades del gobierno y mercantiles (lo que me parece bien), sino que también estamos siendo atacados por escépticos y por organizaciones religiosas... muchas veces sin motivo o razón. Desde la época del Espiritualismo, los psíquicos han sido englobados en la categoría de estar poseídos o en comunión con el demonio y por lo tanto, etiquetados como "malignos."

Me parece sorprendente que en todas las religiones, y especialmente en la Biblia, los profetas fueron reverenciados, y hoy día sean atacados. ¿Acaso Dios se detuvo un día y dijo: "No más profetas"? ¿El talento del psíquico simplemente desapareció de la faz de la Tierra? ¿Acaso todos los psíquicos de ahora son falsos profetas? ¡Por supuesto que no! Como he dicho en repetidas ocasiones, todos nacimos con una habilidad para llegar a Dios, pero en algún punto del camino la perdimos o nos fue arrebatada por la sociedad o por la religión. Y bien, la Verdad no puede ser pisoteada, ni atacada ni ridiculizada, siempre se encuentra ahí, para todo aquél que desee verla. La habilidad psíquica es un hecho y una realidad, sin importar qué digan los individuos o las organizaciones. Mire como va ganando terreno en la vanguardia con programas de televisión como *Joan of Arcadia* (serie de televisión estadounidense), en donde una adolescente habla con Dios; y *Médium,* que está basado en hechos reales.

Ahora eso es lo que está impregnando un poco la conciencia en el ámbito mundial, las cosas se están facilitando, pero siempre habrá opositores. De hecho, las relaciones con escépticos pueden resultar ser lecciones interesantes de cuán inquebrantables son sus creencias. Si alguien llega a sacudirlo (sin importar su profesión), significa que aún no ha culminado su trayecto.

Recientemente me presenté en televisión, cuando un escéptico me desafió. Antes de que comenzara a hablar, le pregunté si creía en Dios. Si no era espiritual en absoluto, no habría ninguna plataforma sobre la cual pudiésemos converger, o inclusive llegar a un punto de entendimiento. El hombre respondió que no creía en Dios; y luego supe que aparentemente, él no había logrado vencer su propio reto en una prueba a la que él había enviado a sus representantes a observar y participar; así que, ¿cuál sería el objetivo de continuar haciéndose publicidad? También sentí que lidiar con él en televisión sería una pérdida de tiempo, ya que podía usarse más bien en ayudar a alguien necesitado.

Mucha gente me ha malinterpretado (después de todo, ningún psíquico es totalmente exacto), pero han sido más mis aciertos que mis errores; e incontables personas han recibido ayuda gracias a los dones que Dios me dio. Gozo de cierto nivel de fama como resultado de mis habilidades, por lo que los detractores me tendrán siempre en la mira, aunque en realidad esto ya no me agobia.

Muchos psíquicos jóvenes me han hablado de que la mala publicidad les ha perjudicado. Pero mi respuesta siempre es: "Si estás seguro de que lo que haces tiene una razón pura, deja que las cosas caigan por su propio peso. Nadie está aquí para ganar un concurso de popularidad. Estos breves encuentros no pueden decepcionarte, porque si permites que los demás inspiren en ti la duda, entonces no estás comprometido con lo que haces. Si sabes que por las noches podrás dormir y mirar a Dios de frente con motivos honestos, entonces no importa lo que digan los demás. Pero, si tus razones y tu intención *no son* motivadas espiritualmente, no engañarás a la gente haciéndoles creer que sí lo son".

En ocasiones, debido a nuestras creencias, debemos correr el riesgo y seguir nuestro llamado... sin que nada importe, mientras nuestra relación con Dios jamás vacile. Todo lo demás nos podrá fallar, menos eso. Considere por lo que Cristo tuvo que pasar: lo único que nos enseñó fue a amar. Y si él pudo hacerlo, ¿por qué afanarnos por menos? No, no somos él, pero podemos aspirar a ser como él.

El psíquico y médium John Edward, me ha dicho que yo he cultivado el camino para quienes vienen detrás.

Así lo espero..., pero deseo que se trate de un camino en el que el amor de Dios dé fruto también, cultivarlo no es suficiente. En tal punto, tiendo a ser desconfiada en extremo con los médiums que no tienen una firme creencia en Dios o en la conciencia de Cristo, o por lo menos, una fuerte base espiritual. Deseo saber cuál es su estilo de vida, si tienen licencia para ejercer apropiadamente y qué organizaciones apoyan (si es el caso). Y mientras que sólo Dios puede ser preciso al cien por ciento, cualquier psíquico tendría que ser más certero que erróneo en su visión individual o global. La retórica programada que ofrecen los supuestos médiums en las "líneas psíquicas", se basan en el volumen a fin de acrecentar su negocio, mas no en la veracidad.

Los buenos psíquicos tendrán un buen historial y gran demanda debido a su exactitud, usualmente con una larga espera antes de poder conseguir una cita con ellos y una tarifa elevada, precisamente por esta demanda. Conozco a algunos psíquicos que cobran miles de dólares por una sesión individual. Mis tarifas tampoco son bajas ($700 a $800 dólares); pero, estoy segura de que usted ahora sabe que con estos ingresos también ayudo a sustentar tres organizaciones, incluyendo una iglesia.

Y es más, varias veces me he encontrado con que si le digo algo de su futuro a ciertas personas en sesiones individuales, lo negarán más adelante. La gente tiene una idea preestablecida de lo que desea escuchar, así que si no le dice algo en particular, se opondrá a ello. Esto no me molesta, porque sé que el futuro resultará bien en la mayoría de los casos; y he recibido cartas de personas a quienes he atendido en sesiones y que trataron de negar lo que les dije que iba a suceder, sólo para darse cuenta luego de que sí sucedió. Jamás los culpo por ello; después de todo, cuando mi abuela mencionaba ciertas cosas de

mi futuro, lo tomaba con gracia, pero en el interior me decía a mí misma: *De ninguna manera.*

"Serás maestra" y "escribirás y le hablarás a miles de personas", son un par de las cosas que Abuela Ada me dijo y de las que yo pensaba: *¿Qué es esa locura?* Bueno, sólo es para demostrar cuánto sabía sobre mí.

En ocasiones, aquellos con el tema psíquico vienen de un ambiente muy estricto en donde las figuras de autoridad se esfuerzan por erradicarlo. Con suerte, aprenderán a vivir con sus habilidades y a utilizarlas para bien de una manera espiritual. La gente que tiene este talento suele enfrentar dificultades con la pareja, debido a que no siempre comprenden bien el don, entonces, reprimen sus sentimientos, lo cual es duro y puede crear tensión en cualquier relación. El tema emotividad quedaría bien aquí, porque las revelaciones del psíquico llegan a través del cerebro límbico (o emocional). Y el tema de la espiritualidad comprenderá que esta entidad está utilizando sus habilidades para bien, más que por ego, fama o fortuna.

Como he mencionado, la mayoría de los temas en proceso de perfeccionamiento y de aprendizaje, pueden conectarse con casi todos los demás, especialmente si han sido elevados a su máxima expresión espiritual. Pero si los temas se niegan unos a otros, o las personas no los cumplen (o por lo menos lo intentan), entonces cualquier relación será un fracaso.

👑 👑 👑

# Capítulo once

# FELICES PARA SIEMPRE

*A*hora que hemos pasado por todos los temas, los cuales representan un papel muy significativo en nuestras relaciones, veamos en qué se interesan nuestras parejas, nuestros seres amados, amantes o como desee llamarles.

He dicho frecuentemente que aun cuando ahora la gente está más interesada en su espiritualidad que nunca antes, la principal pregunta que me hacen es: "¿En dónde está el Hombre o la Mujer Ideal?" Bien, a través de mis sesiones por más de cincuenta años, he notado ciertos patrones cuando se trata de encontrar al "Ideal".

Quienes estén buscando una relación o estén tratando de mejorar la actual, deben comenzar a buscar en su interior. Comience con lo que *no* es, en lugar de lo que sí *es*. En otras palabras, usted no es (por suerte) malvado, engañador, cruel, mentiroso y demás. Una vez que haya determinado lo que no es, entonces el capullo del pesimismo se abrirá, para dar paso a la mariposa en que desea transformarse.

Después, enfóquese en lo bueno de sí mismo o en lo que está buscando alcanzar: amable, espiritual, leal, agradecido, comprometido o lo que sea. Esta es su esencia pura; y puede ayudarle a determinar qué podría hacer una buena relación por *usted*. Ahora está listo para atraer muchas de las mismas cualidades que usted admira y respeta en otra persona.

Recuerde que siempre estamos aquí para aprender. Claro, todos disfrutamos sentir en el corazón los golpes de los primeros efluvios del amor, pero nuestra pareja ¿es alguien con quien podemos hablar? No estoy diciendo que la apariencia física no sea importante, pero *está* casi al final de la lista. ¿Acaso no hemos conocido hombres y mujeres físicamente atractivos, pero cuanto más los conocemos, más feos se vuelven? Aquellos que se basan en su belleza física para abrirse paso en la vida están en una triste posición porque, como todo lo demás, su apariencia se perderá, pero la luz del alma jamás se desvanece.

Sé que se han escrito muchos libros acerca de la comunicación en las relaciones, pero si nos sintiéramos cómodos con nuestra pareja, no habría necesidad de hablar todo el tiempo. Algunas veces, el simple disfrute de estar juntos o de tener la seguridad de que la otra persona está a nuestro lado, es más que suficiente. También puede ser que hablen demasiado, igual que cuando una canción se escucha una y otra vez y pierde el sentido. Gritarse e insultarse es humillante para usted y para la otra persona, mientras que las afirmaciones positivas funcionan todo el tiempo. La apreciación, la gratitud y el respeto deberían ser las prioridades en su relación. Después de todo, el concepto de no hacerle a los demás lo que no deseamos que nos hagan existe desde siempre; pregúntese si le gustaría *a usted* que lo insultaran, lo ignoraran, lo rechazaran o lo hicieran sentir menos de lo que es.

## Ser genuino en una relación

Todos tenemos una idea preconcebida de cómo debería ser el amor, producto de los cuentos de hadas, las películas y las canciones: crecimos con el constante recordatorio de que el amor debería ser eterno y perfecto en todas sus formas, partiendo en pareja hacia el atardecer y viviendo felices para siempre.

Entonces aparece la realidad del mundo. Conocemos personas cuyos temas de vida están en un estado inferior, o cuyos problemas están fuertemente arraigados. Pero nunca podremos encontrar a la persona perfecta porque nosotros no lo somos. Asimismo, nadie tiene derecho porque sí a la felicidad completa...; la felicidad debe ganarse. Puede parecer una declaración muy fuerte, pero demasiada gente cree equivocadamente que merece ciertas cosas en la vida. Así es si se han esforzado por ellas, pero no sólo porque "se trata de mí". Si creemos que así es, estaremos condenados. Esto no significa que no merecemos a una buena persona que esté altamente evolucionada, especialmente si hemos dedicado tiempo a nosotros mismos.

Ninguna relación es perfecta cien por ciento, pero más vale que el *esfuerzo* de las partes involucradas sí sea del cien por ciento. Naturalmente, su pareja será mejor en algunas cosas que en otras, pero hay muchas maneras de hacer su vida más llevadera.

También me parece que se ha escrito mucho sobre las relaciones, y ya no sabemos de qué manera actuar. En otras palabras, si sentimos que debemos comportarnos de cierta manera para complacer a alguien, la máscara de quien hemos llegado a ser se caerá en algún momento, y lo que la otra persona creyó que éramos no existirá más; y entonces, la relación se desmoronará.

El miedo al rechazo puede hacernos actuar como creemos que desea la otra persona, pero esto no puede durar mucho tiempo, ya que mantener tal pretensión es desgastador. La regla es la honestidad (sin importar cuál sea su definición de ella); ser usted mismo con todo lo que cree y es, y mostrar lo que es. Entonces tendrá la seguridad de estar siendo amado por quien *es,* no por alguien que está fingiendo serlo.

Una de las mejores claves para una relación exitosa es reconocer que no será perfecta, así que no debemos permitir que el mundo nos cambie. En la actualidad, por ejemplo, los hombres se han programado a tener problemas de la próstata, o las mujeres "cambios hormonales", y ya no se preocupan por hacer el amor. Mi madre y mi padre seguían haciendo el amor a los ochenta años, porque nadie les hizo creer lo contrario (o si lo hicieron, no lo tomaron en cuenta, o no se dejaron afectar ni caer en la impotencia).

Hacer el amor no es sólo para engendrar hijos (lo cual es importante); más bien, significa exactamente lo que sugiere... ser *uno* con la persona amada. Es la celebración sexual de dos cuerpos y almas formando juntas un solo ser. En el calor inicial del romance, todo parece perfecto, hasta que llega la vida real (incluyendo los empleos, las finanzas, las cuentas, los hijos, los nacimientos, las muertes) haciendo que la pasión salga volando por la ventana, como dice el proverbio.

Pero si sólo es sexo lo que los mantiene unidos, se dirigen al desengaño. Puede tener relaciones sexuales de ensueño con una persona, pero lo que debería admirar es la propia esencia. ¿Su pareja es honesta, ambiciosa, estable, comprometida y leal? ¿Es sensible a sus necesidades y emociones y será capaz de ayudarlo cuando sea necesario? ¿Cómo trata su pareja a otras personas? Si es amable con usted, pero cruel con otros, entonces sólo es cuestión de tiempo antes de que le llegue su turno. ¿ Lo respeta a usted y a sus opiniones, incluyendo su posición ante la espiritualidad? Debería hacerse estas y muchas otras preguntas antes de elegir una pareja.

Y ya que estamos en el tema del sexo, me gustaría abordar la disfunción sexual, que puede originarse por miles de razones. Puede ser ocasionada por un sentimiento de violación o por el miedo a entregarse o a perderse, lo que usualmente poco tiene que ver con el acto sexual en sí. Inclusive, puede venir de una vida anterior en la que hubo agresión o abuso, y que nos llega como una resonancia mórfica del pasado o de un abuso sexual en *esta* vida.

Si hacer el amor se ha convertido en una tarea más, es muy probable que otras áreas de su vida se filtren hacia el dormitorio. No puede ser malintencionado o reñir en cada habitación y después esperar que una vez en el dormitorio todo esté perfecto. La crítica jamás funciona, y puede ser una manera muy agresiva de expresar su opinión. "No me ayudas en la manera en que me gustaría recibir ayuda" no es crítica... es un auténtico grito de ayuda. Si usted se esfuerza sin sentido mientras su pareja sólo goza de los frutos de su labor, no es crítica decirle: "Debes ayudarme a conservar nuestra vida, en lugar de pasarte el tiempo descansando".

Sin embargo, las acusaciones como: "¡Gastas demasiado!" "¡Jamás me prestas atención!" "¡Ya no hablamos!" o "¡Ya no es como era antes!" *son* críticas. La última frase es muy importante porque nada puede seguir igual que antes, y la vida nos lleva por un viaje de cambios. La vida es imperfecta y desordenada: hay penas de amor, decepción, enojo, depresión, problemas financieros, muerte y retos en abundancia. En muchas ocasiones, cuando una relación es puesta a prueba, se desmoronará. "Hasta que la muerte nos separe" es un error; en su lugar, debería ser: "Seré tu amigo y te ayudaré por el resto de nuestras vidas".

Mirando a la boda en sí... quítele las flores, los trajes, la fiesta y queda una ceremonia religiosa muy seria, decretando un voto sagrado uno al otro y a Dios. Luego, por cualquier razón, Dios y la espiritualidad se esfuman, dejándonos sin religión ni creencias en común en las que nos podamos apoyar, o en algo que supuestamente deba perdurar toda la vida.

La mayoría de las veces, hace falta dos para romper una relación, pero hay excepciones. Por ejemplo, hemos elegido a alguien de quien creemos que tiene la misma lealtad espiritual que nosotros, tan sólo para encontrar más tarde que había estado fingiendo. Entonces se convierte en un caso en que la otra persona ha roto su voto o decretó uno falso. Todo esto finalmente derriba la magnífica base espiritual que deseaba edificar con su pareja.

Muchos de nuestros ministros son casados, por ejemplo, y ninguno de ellos se ha divorciado. No es que Novus Spiritus esté en contra, pero estos ministros y sus parejas están unidos por sus creencias comunes, y por el conocimiento de que la vida es un trayecto de aprendizaje. También proveemos asesoría espiritual, y no tenemos ningún problema en abrirnos a los demás y luego encontrarnos en un terreno común.

Ahora, Dios sabe que el divorcio puede ser inevitable debido a las circunstancias. Por supuesto no puede permanecer con alguien que abusa de usted, que lo engaña o le roba. Pero recuerde, hacer una mala elección, no significa que no cumplió con su voto. Si la otra persona rompió el suyo, es absurdo amargarse por ello. Puede continuar y amar en un futuro... con la esperanza de ser más perspicaz y discernir mejor al momento de elegir a una pareja.

Otro asunto que he visto en mis sesiones es cómo la gente continúa repitiendo el mismo patrón. Se casan con el mismo tipo de persona después de un divorcio: pueden tener diferentes tamaños y formas, pero todos comparten la misma esencia imperfecta. Es entonces cuando debe evaluarse a sí mismo para determinar por qué continúa eligiendo tales relaciones imposibles. ¿Necesita ser castigado, o siente que debe salvar a alguien? Tales cosas necesitan ser rectificadas antes de que pueda disfrutar de una unión sana. Así que encuéntrese (y a su propia esencia que proviene de Dios) y tenga la convicción de que merece ser amado y respetado.

### La verdad sobre las almas gemelas

Me gustaría aclarar la noción de las almas gemelas en su apropiada y lógica perspectiva de una vez por todas. Verá, las almas siempre son creadas en pares, como gemelos. Como dice mi guía espiritual, Francine: "Cada persona como fuerza de la creación, fue concebida en la dualidad: masculino y femenino". Dicho de otro modo, tenemos otra mitad, que casi siempre permanece en el Más Allá. Raramente un alma encarna con su alma gemela, pero somos muy afortunados de tener otras almas afines que amamos profundamente en la Tierra, como nuestros amigos y nuestros seres amados, que son tan importantes para nosotros.

De hecho, hay tanta gente en esta vida (o en otras) que puede significar tanto para nosotros como un alma gemela. Según dijo hace algún tiempo mi hijo Chris (que también es psíquico): "Mamá, pude haber tenido otras madres en mis vidas anteriores, pero sé en mi corazón que a ti te amaré siempre mucho más". Un hijo, padre o madre, nieto o inclusive un amigo, pueden ser una verdadera alma afín, tanto aquí como en el Hogar. Después de todo, en el Más Allá no estamos únicamente con una persona, abandonando a toda la gente maravillosa que hemos conocido. De hecho, Francine dice que es más común que no permanezcamos sólo junto a nuestra alma gemela. Sí, hay una relación especial con el alma gemela, pero no es la única razón ni el objetivo único en la vida.

Tampoco estoy convencida de que cuando Jesús dijo: "Lo que ha unido Dios, no lo separe el hombre", sólo se refería al matrimonio. Creo que se refería a separar la mente de las emociones. También se refería a *todas* relaciones, pues nuevamente, si usted no está completo, nadie podrá ser todo para usted. Por esto el concepto de las almas gemelas puede ser engañoso, especialmente debido a que estas almas generalmente permanecen en el Más Allá.

Así que el alma gemela nos hace sentir completos, encontrando un entendimiento más profundo sobre nosotros. Pero como dice Francine, las almas elegirán estar con otros o casarse cuando encarnen. Pasamos a través de incontables experiencias, y algunas veces un alma supera a la otra (sucede igual con la vida, cuando una persona crece pero su pareja permanece estancada). Por supuesto, ambos permanecen conectados; es sólo que una ha evolucionado en un grado más elevado que la otra. No significa que su alma gemela haya dejado de cuidar de usted o de amarle: ambos estarán unidos por toda la eternidad. Así que en vez de continuar buscando *un* alma gemela, disfrute de toda la gente maravillosa que conoce y ama aquí y en otras vidas..., inclusive en el Más Allá.

Todos sabemos cuando conocemos a un alma amorosa y afín. Si continúa buscando a esa persona perfecta, está predestinado a fracasar, especialmente porque *usted* no es perfecto. Ha escuchado decir que el amor lo conquis-

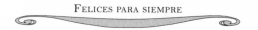

ta todo; bueno, si está en una relación generosa, verdaderamente incondicional, respetuosa y afectuosa, así será.

### Las cosas no siempre son lo que parecen ser

Las relaciones amorosas pueden ser tan diversas como cualquier otra cosa que podamos imaginar en la vida. Usualmente, juzgamos por la apariencia física si determinadas personas lucen bien juntas. Y muchas veces escuchamos: "¿Y ella, qué ve en él?" Recuerdo que hace algunos años conocí a una pareja; él lucía como una verdadera estrella de cine mientras ella lucía "poco agraciada". Al principio fue difícil apreciar la atracción mutua, pero después de un rato, lo comprendí. Aun con su apuesta imagen, él era muy obsesivo e inseguro; mientras ella tenía una personalidad burbujeante y lo ayudaba a anclarse. Así que no permita que lo que ve en el exterior lo engañe respecto al alma en el fondo.

Hace poco, vi un programa de televisión y me sorprendió escuchar que si soltáramos cerdos domesticados en la selva, después de algunas generaciones, su evolución retrocedería y llegarían a ser como sus primos, los jabalíes. A estos feroces cerdos inclusive les crece un pelambre hirsuto y colmillos. ¿Cómo aplica esto a nuestras relaciones? Bien, en ocasiones las malas influencias que nos rodean pueden impactarnos negativamente; cuando busquemos una pareja, es buena idea observar de qué clase de personas se rodea. Quizá no parezca justo, pero *somos* juzgados por nuestras compañías. Cada oveja con su pareja, pero si usted es la oveja negra, quizá no consiga pareja, sin importar cuánto se esfuerce. Claro, algunas personas eligen vivir en la adicción o en el abatimiento, pero he descubierto que son almas demasiado sombrías o jóvenes, muy inexpertas para comprenderlo.

Los seres sombríos no sienten culpa, nunca se equivocan y viven en un mundo en el que ellos son los únicos que importan. Cuando entre en contacto con tales seres, aléjese: no hay razón lógica ni espiritual por la cual debería desperdiciar su tiempo tratando de "salvarlos". Cristo dijo: "No arrojéis perlas a los cerdos", y si Él no lo hizo, ¿por qué tendría usted que hacerlo? Hay demasiadas personas maravillosas que le valorarán y no querrán estar a su lado sólo por lo que pueda hacer por ellos. Es importante recordar que en todas las relaciones se debe dar y recibir, o simplemente no valen la pena.

Y aunque digan que los opuestos se atraen, mi abuela solía responder sabiamente con: "Pero los que son iguales permanecen juntos". Por supuesto que no querrá a alguien igual a usted, porque aunque estas personas pueden ser realmente cautivadoras al principio (a usted le gusta el color lila, a ellos también; a usted le gustan los osos de felpa y a ellos también... y la lista sigue) es como si asumieran su identidad. Esto puede ser muy halagador inicialmente, pero en verdad puede llegar a ser irritante. Para eso estaría mejor continuar solo, en lugar de involucrarse en una relación tan absorbente.

La psicología establece que este comportamiento puede ser resultado de haber tenido padres inalcanzables; por consiguiente, tales individuos se aferran a cualquiera cuya personalidad puedan asimilar, con la finalidad de conseguir su aprobación. Yo creo que diseñamos este tipo de situaciones, y en verdad podemos aprender de alguien que está sobrecargado con tal personalidad. Después de todo, nadie desea ser terapeuta, padre o madre dentro de su propia relación..., todos deseamos una relación equilibrada y de igualdad.

Jamás debería creer que existe alguien por quien valga la pena romper su contrato con Dios. Habrá ocasiones en las que su corazón esté tan roto que sienta como si fuera a morir (o lo desearía), pero su conocimiento espiritual lo mantendrá de pie... para vivir y para amar un día más.

Claro, eligió su destino de vida para aprender; y podría muy bien decir: "Bueno, si ya elegí todo esto, entonces no puedo cambiarlo". Por supuesto, eligió su vida y sus lecciones, pero el sólo hecho de que haya una roca en su camino, no significa que también estaba escrito que se quedaría sentado sobre ella. Déle la vuelta a la roca o pásele por encima para poder entrar en el mejor lado de la vida y ser feliz. Tan sólo es una prueba de fortaleza espiritual.

Las pruebas están escritas en nuestro destino de vida, como también lo está la habilidad de soportarlas o de superarlas. A la larga retomaremos el rumbo, pero en ocasiones nos hacemos sufrir más de lo necesario. Es el mundo y la condición humana (como dice Francine) lo que nos confunde o nos vuelve estúpidos. A veces me cuestiono como no estamos *más* confundidos, con lo que hemos traído a este hueco infernal, con las miles de capas de comportamiento de vidas anteriores, aparte de todo el condicionamiento programado de lo que vemos en el cine, en la televisión, en los libros y en todo lo demás.

### Más sobre uniones del mismo sexo

Ya que estamos en el tema del amor y de los retos, deseo hablar un poco más acerca de un tema que muy poca gente parece querer abordar lógicamente. Ya sea que usted esté a favor o en contra de las relaciones del mismo sexo, me parece que deberíamos permitir a la gente amar a quien desee, sin preguntar el porqué. Recuerdo hablar en una ocasión con una de mis profesoras en la universidad, acerca del amor y la literatura y dijo: "No creo que importe a quién o qué amamos, porque Dios *es* amor". Y Jesús jamás hizo alusiones al tema de la homosexualidad: sólo aparece en el Antiguo Testamento porque aquellos hombres deseaban que la población creciera para obtener más miembros para su religión.

Muchos homosexuales decidieron venir a la vida de esa manera para iluminar a los demás a amar en todos los niveles. Por ejemplo, tengo un amigo muy querido que es homosexual y padece de SIDA, pero ayuda a los demás y es un ejemplo para todos nosotros. Es muy amable y afectuoso; y ha sido de gran valor en mi investigación y mi espiritualidad.

He perdido a tantos seres queridos por causa del SIDA, que me hierve la sangre cuando escucho comentarios basados en prejuicios y malintencionados. Esta clase de discriminación puede dificultar la tolerancia y siempre pienso: *Ten cuidado con lo que odias, porque podrías volver a la vida siendo lo mismo que desprecias. Así que vive y deja vivir o te podrías hallar teniendo esa misma clase de vida.*

Parece que cuando una razón en particular comienza a perjudicar la libertad que los demás tienen para amar a quienes desean, o llevar un estilo de vida distinto aunque honrado, entonces esa razón se posiciona como juez y jurado. No recuerdo haber leído que Jesús pusiera a alguien a cargo de ser abogado para el prejuicio y la intolerancia; o decirnos a quién podemos o no amar.

Esta clase de criterio incluso puede influir en diferentes tipos de prejuicios, tales como una persona de color que ama a una de raza blanca, o miembros de distintos grupos o religiones reunidos. Encuentro divertido que, cuando lleguemos al Más Allá, podremos compartir nuestra esencia o fundirnos en cualquiera, y a nadie le importará de qué sexo somos. Sólo somos almas compartiendo amor con otras almas.

Cuanto más espiritual se vuelva, reconociendo que no hay nada nuevo bajo el sol de Dios, más comprenderá que todos creamos los diferentes acordes en una gran sinfonía que debería tocarse en armonía, no en discordia. ¿Por qué tendríamos que complicar tanto las relaciones, ya sea debido a la edad, al color, a la raza, al credo, al tiempo o al espacio? También me pregunto por qué no pasamos más tiempo disfrutando unos de otros, en lugar de separarnos unos de otros.

### Ingredientes para una relación exitosa

Tener una relación exitosa de cualquier clase, requiere de varios ingredientes básicos de los que algunas personas no se dan cuenta. Primero que todo, debe haber una buena dosis de espiritualidad. Muchos no comprenden los términos *espiritual* o *espiritualidad,* porque tienden a relacionarlo con la religión de una u otra forma. En la actualidad, aunque la religión pueda ayudarle o desalentarle en el proceso de acrecentar su espiritualidad, no tiene que profesar determinada fe para ser una persona espiritualmente exitosa. En otras palabras, ¡la religión no necesariamente tiene algo que ver con ser una buena persona! Para ser perfectamente claro, ser espiritual no es más que *tratar de ser la mejor persona posible que pueda, y hacer lo mejor para Dios.*

Todos somos seres humanos; y todos cometemos errores y fallamos en ocasiones. Una razón pura neutraliza los errores y los fracasos, mientras que tener una razón impura o ulterior los incrementa. Dicho de otro modo, mientras que casarse por el hecho de amar a alguien conlleva un motivo puro, hacerlo porque ese alguien tiene dinero, no es tan puro. El componente clave de cualquier motivo es el amor, así como el amor es el componente clave de la vida. Hacer algo por amor es el más puro de los motivos, mientras que hacer algo por ventaja propia no es tan puro. Podría continuar y darle cientos de ejemplos de un motivo puro en contraste de un motivo impuro, pero me parece que el punto está claro.

Cuando usted haya hecho algo por una razón impura, el derivado natural es la culpa (a menos que sea sólo un alma sombría), porque se relaciona directamente con la conciencia. En uno u otro momento, todos hemos sentido remordimientos porque hicimos algo de lo que no nos sentimos orgullosos, con un motivo impuro... nuevamente; y sucede debido a que somos humanos y tenemos emociones humanas. Si continuamos involucrándonos con acciones que producen culpa y tenemos un motivo para ello, nuestro nivel de espiritualidad decae; y si en nuestro proceder lastimamos a alguien, pero *no fue* nuestra intención hacerlo, nuestro nivel no decaerá. Por ejemplo, involucrarse en un accidente automovilístico que ocasione daño a otros puede originar culpa, pero el motivo no fue lastimar a nadie. Pero si saca a alguien de la autopista debido a que ha conducido de manera agresiva, entonces hubo intención de lastimar, porque perdió control.

Todos tenemos culpas; y con el objeto de convertirnos en mejores seres humanos, no sólo tenemos que reconocerlas, sino trabajar para superarlas. La manera de llegar a ser una mejor persona es aprender a amar incondicionalmente y practicar la tolerancia.

Amar incondicionalmente significa prodigar amor sin ningún sentimiento de obtener algo a cambio para beneficio propio. Lo observamos con frecuencia en la vida diaria con los padres que aman a sus hijos, aun cuando no son los mejores chicos o chicas. Uno de los derivados del amor incondicional es el perdón verdadero; porque cuando amamos incondicionalmente, no ponemos condiciones a nuestros sentimientos, y en verdad podemos perdonar las ofensas de aquellos que amamos. Con el objeto de ser mejores seres humanos, deberíamos intentar amar tanto y a tanta gente como sea posible sin pensar en ser recompensados. El amor debería fluir y ser libre, sin reprimirlo por condiciones. Lo maravilloso del amor es que aun cuando usted debe amar sin pensar en recompensas y lo prodiga con sinceridad, invariablemente le será devuelto a través de la ley universal de Dios que dice: "Lo que ofrezcas, regresará a ti".

A menudo, las personas están buscando reglas estrictas e inmediatas para encontrar una pareja o continuar casados (y no existen), pero nadie parece poner énfasis tan sólo en el amor hacia uno mismo. Por ejemplo, una amiga mía, al igual que yo, no tenemos esposos, pero nos hacemos la manicura y la pedicura, y nos arreglamos el cabello, para *nosotras*. Aunque esté enferma, siento que debo ducharme, cambiar mi piyama y cepillar mis dientes y mi cabello. No importa si soy la única que voy a verme.

Aunque la vida nos oprima, no apoyo abandonarnos después de habernos establecido en una relación. "Ámame tal como soy" es una cosa, pero andar por la casa con camisón sucio y el cabello grasiento durante una semana, no es atractivo para nadie; sólo demuestra falta de respeto hacia usted o su pareja. Estar un poco pasado de peso (dije "un poco") está bien, porque sentirse feliz en su propia piel es grandioso, pero volverse obeso puede ser no sólo en detrimento de su salud sino, también de su autoestima.

En ocasiones, cuando usted y su pareja crean un vínculo, pueden comenzar una dieta, romper hábitos y apoyarse mutuamente en todas las cosas. He dicho que ser espiritual no es tan sólo orar; es cuidar, amar y ser amable y considerado. Este es el significado de las enseñanzas de Cristo (o de doctrinas similares). Vivir con bondad es seguir el propósito por el que Dios le puso aquí y por el que eligió venir aquí para aprender.

La expresión que dice: "Nunca se es demasiado rico ni demasiado delgado" hace hervir mi sangre porque pasa por alto algunos aspectos importantes del ser, tales como la confianza y la espiritualidad. Y agotarse y someterse a cualquier procedimiento de cirugía plástica que exista es también casi excesivo. Claro, me he hecho aplicar un revestimiento láser de la piel y una inyección de Botox aquí y allá, pero también deseo lucir de mi edad y envejecer con gracia. Hace poco tiempo una amiga y yo estábamos sentadas en un restaurante de Los Ángeles mientras observábamos a unas rubias bajando por las escaleras, con un claro interés. Lucían exactamente igual, tan "estiradas" que parecían ir en motocicleta a cien millas por hora con insectos en los dientes. Mi amiga y yo dijimos: "¡Vámonos, por si es contagioso!" En cuanto salimos, nos dimos cuenta de que en el segundo piso del restaurante quedaba el consultorio de un cirujano plástico.

Repito, si algo está realmente afectando su vida, por ejemplo, si se le dificulta respirar por la nariz, tiene la barbilla pequeña o lo que sea, hágase la cirugía *si lo desea* a toda costa. Pero hacerlo sólo por temer que su pareja lo abandone por alguien más joven y con mejor físico, terminará decepcionándolo. ¿Alguna vez ha pensado cómo luciría un rostro terso y joven, en un cuerpo que aparenta una edad avanzada? Es como si su cabeza fuera transplantada a otro cuerpo o viceversa. Si no tiene la suficiente confianza para explorarse a sí mismo y ser consciente de la belleza interna de su pareja, entonces ningún arreglo exterior funcionará.

La actriz Billie Burke (quien hizo el papel de Glinda, la "bruja buena," en *El Mago de Oz*) estuvo casada con el productor de teatro Florenz Ziegfeld y se dice que se levantaba media hora antes que él para maquillarse y "lucir bonita" cuando su esposo despertara. Supongo que se sentía insegura de todas las chicas hermosas que rodeaban a su esposo en su trabajo, pero estuvieron juntos hasta que él murió. Dudo que haya sido gracias a que ella siempre lucía maquillada cuando él estaba cerca; más bien fue porque se respetaban mutuamente. También se esforzó bastante para demostrarle lo mucho que él le importaba (aun cuando tanto esfuerzo parecía agobiante), y él debió haberlo agradecido.

Ahora bien, algo que me parece increíblemente injusto, es la actitud cuando se trata de casarse con alguien más joven. Verá, si el hombre es mayor, parece no importar; de hecho, es ovacionado como todo un semental. Pero si la mujer lo hace, es una "asalta cunas". Es el caso de Demi Moore, Celeste Holm o Martha Raye: la gente puede ser muy crítica con las mujeres que eligen una pareja más joven, pero mi opinión es, si ambos son felices, déjenlos en paz. El alma reconoce al alma, como he mencionado; y la edad, el tiempo, la cultura y el color no son barreras que impidan a las almas conectarse espiritualmente.

¿Cómo saber si se ha conectado a nivel del alma? En primer término, debe darle tiempo: es una necedad apresurarse a algo, especialmente a un compromiso de por vida como el matrimonio. Luego deben explorar mutuamente los gustos y disgustos, objetivos financieros y creencias espirituales. Por favor, note que no he mencionado nada acerca de la preferencia religiosa, debido a que la ver-

dadera espiritualidad se encuentra en un escenario más elevado y racional.

Ya que estamos en el tema, encuentro muy triste que si dos personas tienen un matrimonio feliz, puedan estar expuestos a crear mucha envidia. Es terrible, pero otras parejas casadas se preguntan: "¿Por qué no puedes parecerte más a Helen?" "¿Por qué no puedes ser la clase de esposo que es Bill?" o "Su matrimonio es perfecto: ¿por qué *nosotros* no podemos tener uno así?" Es un mortal callejón sin salida. Si se siente así, intente recordar por qué se casó con esta persona. Por supuesto que habrá cambiado, pero también usted. Así que en vez de sentir envidia de la felicidad ajena, intente decirle a su pareja: "Estoy feliz de haberme casado contigo y no con alguien más". También tomará tiempo sanar las viejas heridas y las palabras erróneas.

### Siempre hay dicha en la vida

Ya sea que tengamos o no una pareja sentimental, la vida nos trae amores perdidos, familiares que nos decepcionan, el síndrome del nido vacío (excepto en mi caso, gracias a Dios), cambios hormonales, infidelidades, soledad, depresión, muerte, enfermedades, amistades perdidas, tropiezos profesionales, mudanzas y problemas financieros. Pero también nos trae hijos y nietos, mascotas cariñosas, amigos que nos acompañan y con quienes reímos, y mil bendiciones más. Hallamos consuelo al saber que volveremos a ver a nuestros seres amados que ya se han ido. Maduramos y nos damos cuenta de que no necesitamos tantas cosas como creíamos. Tenemos amigos sinceros y gente que nos ama.

Alguien me dijo una vez: "Pero si no te casas, Sylvia, morirás en soledad". En primer lugar, nadie muere en soledad. Todos *nacemos* solos, pero morir es regresar al hogar y celebrar con nuestros seres amados. Me he casado tres veces; y no porque no hayan funcionado, significa que me haya quedado sola y amargada. En vez de eso, aprendí mucho de mí misma, como el hecho de que mis dones de psíquica no han ayudado en cuanto a mis parejas sentimentales. Además, muchos hombres encontrarían difícil vivir a mi lado y lidiar con mi enfrascamiento con la familia. Como si fuera poco, es difícil acostumbrarse a mis horarios: viajo, escribo, doy sesiones psíquicas, ayudo en casos policíacos, me presento en el *show de Montel*, respondo cartas, ayudo a mis ministros y hago trabajos altruistas; además, dirijo una empresa, una iglesia, varios grupos de estudio y reuniones, y mucho más. Así que, ¿en dónde habría lugar para una relación, y qué tan injusto sería esto para ambos?

Así que usted elige su camino, sus metas y su futuro en la vida; y con suerte habrá aprendido del pasado y será feliz con todo lo que tiene, hasta que regrese al Hogar. En cuanto a mí, tengo mi propia casa, pero estoy a diez minutos de distancia de toda mi familia. Claro que trabajo arduamente, pero amo lo que hago y también a la gente a quien le doy sesiones. A mis 70 años, me muevo más lentamente, pero parece que todavía dejo cansados a la mayoría. No tengo un esposo, pero tengo amigos varones maravillosos y un compañero muy querido. No es mi deseo volverme a casar, pero felicito a todo aquél que lo hace. Ya sé lo que es el matrimonio y ahora estoy enfocada en otro amor en mi vida: mi familia, Dios y todos ustedes.

¿Me retiraré algún día? ¡Jamás! No somos de las familias que se retiran: mi padre trabajó conmigo hasta

que cumplió los 85, mi madre dio clases hasta casi los 80 y mi abuela seguía dando sesiones psíquicas a los 88. Estoy convencida de que cuando uno se detiene, se muere. ¿Y por qué querría detenerse? ¿Por qué ir a Disneylandia y subirse sólo a una atracción? La tía Mame decía que "¡la vida es un festín!" así que, ¿por qué no probar de todo un poco? Aprenderá más, se conservará joven y alerta y le dará un sentimiento de realización hacia Dios.

Todas las cosas buenas de la vida se mezclan con los golpes duros para brindarnos experiencia y conocimiento. He sido criticada, atacada, han mentido sobre mí, he sido difamada, despreciada y hasta odiada por algunas personas, pero todo esto me ha hecho una persona mejor y más sabia. Jamás le daré la espalda a mis creencias ni comprometeré mi integridad, no importa lo que los demás digan de mí. Sé lo que sé, sé en lo que creo, conozco a mi Dios y sé que continuaré ayudando a tanta gente como sea posible con los dones que me han sido otorgados.

La vida se convierte en un escenario de fuerza y gozo si tan sólo utiliza sus talentos para ayudar a los demás. Al crear vínculos y compartir lo que sabe, no se sentirá tan solitario. Así que deje de preocuparse por sus supuestos fracasos o culpas y levántese, llene su vida con el amor que está esperándolo a cada paso. Trate de recordar los buenos tiempos y busque en sus seres amados el apoyo. Y cuando se sienta deprimido y quiera "gozar de su tristeza", recuerde que cuando haya un hueco en su vida, si abre su corazón... Dios lo llenará.

# Epílogo

Existen por ahí libros de autoayuda que lo guiarán a prepararse para el matrimonio; y otros que lo ayudarán si ya está casado, así que deseo finalizar este libro de un modo algo distinto: ofreciéndole una lista de las peores razones de todos los tiempos para casarse. Tan sólo hay una verdadera razón para casarse y es el amor. Y si lo está haciendo por alguna de las razones mencionadas a continuación, sus probabilidades de tener una unión exitosa se reducen al mínimo.

**No se case, si...**

1. Desea dejar su hogar.

2. Teme no encontrar a nadie más.

3. Todo el mundo lo hace... ¿por qué usted no?

4. Aceptó a la primera persona que se lo propuso, sólo porque no quería terminar siendo un solterón o una solterona.

5.  Si nunca se casa, la gente pensará que hay algo malo en usted.

6.  Desea seguridad económica.

7.  Su familia lo presiona para casarse.

8.  Se sentirá como alguien que siempre sobra si permanece soltero.

9.  Únicamente desea tener hijos.

Analicemos cada uno de ellos.

**1. Desea dejar su hogar.** Demasiados jóvenes desean abandonar la casa paterna y enfrentar al mundo, pero casarse no debería ser el catalizador. Es mejor mudarse primero a su propia casa: tener un compañero de cuarto si es necesario o incluso vivir con la pareja en cuestión, antes de dar un salto tan grande como el matrimonio, sólo para escapar. Deberíamos correr siempre *hacia*, y no *lejos* de, algo.

**2. Teme no encontrar a nadie más.** Esto es ridículo. Si auténticamente desea casarse, entonces la oportunidad existe en su destino de vida. Encontrará a alguien si su autoestima y su espiritualidad están intactas, porque creerá que es capaz de amar y de ser amado. No se menosprecie: su mercancía en realidad tiene un alto valor.

**3. Todo el mundo lo hace... ¿por qué usted no?** ¿En dónde dice que el amor tiene que encontrarse a cierta edad? Si observa a su alrededor, verá cuanta gente ha cometido el mismo error. Es mejor encontrar a una bue-

na persona que lo haga feliz a los 50 años, que quedarse con alguien a los 20 que lo haga sentir miserable y que lo seguirá haciendo durante años.

**4. Aceptó a la primera persona que se lo propuso, sólo porque no quería terminar siendo un solterón o una solterona.** Esto puede ser determinado por la cultura, pues muchas mujeres en la India y en otros países se casan aun antes de menstruar. Hace años, la mayoría de las mujeres se casaba durante la adolescencia, lo que tiene mucho que ver con el hecho de que la esperanza de vida era muy corta; hasta hace como cien años, mucha gente no llegaba a cumplir 40 años. Sentir que "todo el mundo lo hace, si no lo hago, me quedaré atrás" o "me perderé de algo" tan sólo es la voz del miedo. Jamás debe comprometer su ética o lo que anhela de una pareja. Nuevamente, es mejor no casarse que ser terriblemente infeliz.

**5. Si nunca se casa, la gente pensará que hay algo malo en usted.** Sí, mucha gente puede pensar o hacer terribles comentarios si no se casa, pero observe de dónde provienen esos comentarios. ¿Acaso su vida es tan feliz o sienten envidia de su soltería? Si se mantiene firme en sus objetivos y establece sus estándares por lo alto, tanto como para cumplir sus expectativas (especialmente respecto a lo que necesita de un compañero, amante y confidente espiritual), el amor le llegará.

**6. Desea seguridad económica.** Casarse por seguridad económica es en verdad estúpido, porque niega totalmente el propósito del matrimonio. No puedo imaginar comprometerse con una persona a quien no ama, pero si lo hace, pronto descubrirá que su vida está vacía.

Después de todo, el matrimonio es una unión de amor, no de conveniencia. El dinero no puede comprar la felicidad, sólo las cosas; y si es por lo que se casa y la relación se deteriora, ¿qué va a hacer? Claro, podrá llegar a un buen arreglo, pero, ¿qué tan vacío es esto?

Si lo que desea es dinero, obténgalo por medio de su trabajo. Encontrar su propia seguridad económica elevará enormemente su autoestima. Además, vivir acorde a su propio destino significa que se hace responsable de su propio valor como ser humano. El motivo impuro de casarse por dinero, en realidad no le traerá recompensas a su espiritualidad.

**7. Su familia lo presiona para casarse.** Cuando tenía 18 años, mi abuela paterna constantemente me hablaba de casarme y formar una familia; en cuanto a la familia de mi madre, las mujeres no se casaban hasta los treinta años, y tenían hijos aún más tarde (mi madre me tuvo a los 42 y a mi hermana a los 48), lo cual era muy progresista para esa época. Mi abuela paterna era partidaria de los matrimonios a temprana edad, mientras que la filosofía de mi abuela Ada era: "Tómate tu tiempo... estás haciendo un compromiso moral y espiritual de por vida". No hay programa establecido para el matrimonio: si está escrito, sucederá a su debido tiempo. Como he dicho en muchas ocasiones, siga siempre su destino, le guste o no.

**8. Se sentirá como alguien que sobra si permanece soltero.** No, no será así. Si tiene sus propias ideas, se mantiene actualizado y es amistoso y amable, la gente querrá estar a su lado. De hecho, cuando me casé por primera vez, acudía a tantos lugares sin mi esposo, que mucha gente no sabía que era casada. ¿Cuántas parejas

conoce en donde uno de ellos le parece cautivador pero en realidad no se interesa por el otro, porque él o ella sólo es un accesorio silencioso y distante? No estoy diciendo que usted o su pareja tengan que ser el alma de la fiesta, pero estar casados no los identifica de ningún modo en especial... sólo el alma lo hace.

**9. Únicamente desea tener hijos.** Una vez más, esta es una situación en la que la razón para casarse es la autosatisfacción más que la base del amor. En la actualidad, también es completamente innecesario casarse para tener hijos: hay muchos padres y madres solteras hoy en día debido al divorcio y al número creciente de solteros que tienen hijos o los adoptan. Existen los bancos de esperma y las madres sustitutas, así como un gran número de orfanatos llenos de niños que requieren hogares llenos de amor. No tiene que comprometerse en una unión no deseada tan sólo para tener hijos, si lo hace, las probabilidades de tener una familia infeliz se incrementarán dramáticamente.

Los niños son una parte esencial en la mayoría de los matrimonios, y mucha gente los desea en su vida, pero, ¿qué hay de la persona que no desea tenerlos? Ya que le di algunas razones por las que no debería casarse, pensé que tal vez sería igualmente beneficioso enlistar algunas de las peores razones para tener hijos.

**No debería tener hijos, si piensa que...**

1. Salvarán su matrimonio.

2. Todo el mundo los tiene; y usted también debería.

3. La gente lo verá como a una persona egoísta.

4. En realidad no desea ser padre o madre.

Nuevamente, analicemos la lista uno por uno.

**1. Salvarán su matrimonio.** Esta es probablemente una de las peores razones para tener un hijo. Hay un millón de razones para traer un hijo al mundo, pero ninguno debería ser utilizado para enmendar algo que ya está roto. Si su relación está por el suelo, un hijo no la rescatará; si acaso, exagerará sus problemas y los empeorará. Uno de los padres o ambos, podría sentirse abandonado o inclusive atrapado. Los hijos son bendiciones de Dios, pero requieren de mucho tiempo y cuidado. Si se les trae a un hogar que ya es infeliz, lastimará a todos, especialmente a las inocentes criaturas.

**2. Todo el mundo los tiene y usted también debería.** Esto está cortado con la misma tijera de "todo el mundo se casa... ¿por qué usted no?," excepto que esto es más serio. Estamos hablando de una vida preciosa: suya para siempre y de la cual siempre será responsable. No se trata de una adición que automáticamente llega con el matrimonio (aunque cuando el escenario es el apropiado, es lo ideal y todo el mundo gana). Revise su motivo, y si es puro, adelante, tenga un bebé. Pero no lo haga porque se sienta excluido...; un hijo no es un artículo, sino un alma viva, que respira, que Dios le ha confiado para su cuidado.

**3. La gente lo verá como una persona egoísta.** Volvemos con las normas culturales. Si le preocupa el

concepto en que lo tengan, entonces, por favor, no tenga hijos. Y si siente que no puede lidiar con niños, entonces es mucho más egoísta tenerlos que abstenerse. El hijo no se beneficiará; y créame, sentirá su resentimiento.

**4. En realidad no desea ser padre o madre.** Hay mucha gente que ama a los niños, pero descubren a una edad temprana que sería mejor no tener hijos propios. Esto está perfectamente bien. Conozco a mucha gente que no tiene hijos y es feliz; y gente que los tiene y es infeliz. En ocasiones esto proviene de una vida anterior (como muchas otras cosas) en la que tuvimos muchos hijos y por ello no deseamos hacerlo en esta vida. Cualesquiera que sean sus razones, si sigue sus propios sentimientos espirituales, jamás se equivocará.

En una ocasión, estuve convencida de que sería monja. Llegué a ser aceptada en dos órdenes (la orden de los Franciscanos y la de Saint Joseph de Carondelet), pero comencé a pensar cuánto había deseado siempre tener hijos. Así que aunque no podía decidirme, elegí el matrimonio y los hijos (aunque aún no puedo escuchar un canto gregoriano sin sentir un nudo en la garganta). Fue diseñado de ese modo... aunque tuve cuatro abortos antes de tener a Paul. Y un día me dijo cuando tenía unos dos años: "Vaya, mami, sí que me tomó mucho tiempo venir aquí".

Luego tuve otros tres abortos después de tener a Chris. En aquellos días, no se hablaba de la ciencia de la fertilidad; y finalmente un médico descubrió que mi producción de hormonas tiroideas estaba increíblemente baja. Así que, sí, tener a mis dos hijos fue difícil, pero lo que tenía que suceder, sucedió, y yo cumplí con el destino de mi vida.

En lo que respecta a las parejas sentimentales, la Abuela Ada solía decirme que encontrar a la persona ideal era como recolectar algodón: algunos copos lucen puros y blancos, mientras otros que parecen bien están llenos de gorgojos (insectos que invaden el algodón). Estoy segura de que todos hemos recolectado lo que creímos que era un buen copo, tan sólo para encontrar que estaba lleno de bichos o de más defectos de los que podríamos soportar. Pero lo que importa es la recolección: si no va muy bien, no necesariamente es culpa nuestra.

Así que, no importa por lo que tenga que pasar en la vida, mientras ponga sus manos en las de Dios, tendrá las de ganar. Y aunque no existen reglas fijas e instantáneas para ser feliz, si se rodea de sus seres amados, se sentirá siempre bendecido.

Observe a su jardinero, al manicurista, al carnicero, al mecánico, y a todas las personas que existen en su vida...: todas son parte de un maravilloso escenario de amor y de luz. Cada persona que conoce se suma a esta luz; y brilla aún más cada vez que se prodigan amor y se cuidan mutuamente.

No tiene que asomarse al fondo de un pozo ni gritar en las montañas, para que su propia voz le devuelva el eco de las palabras: *Te amo.* Donde quiera que mire, hay personas a quienes amar y con quienes conectarse espiritualmente..., pues todo esto es parte del plan de Dios.

*Dios los ama. Yo también...*
**Sylvia**

♔ ♔ ♔

# Acerca de la autora

**Sylvia Browne** es autora de libros del primer lugar de ventas del *New York Times*; psíquica médium mundialmente famosa, se presenta regularmente en el programa de televisión *The Montel Williams Show* y en *Larry King Live,* y realiza igualmente incontables presentaciones en los medios y ante el público. Con su sensatez y gran sentido del humor, Sylvia cautiva audiencias en sus sesiones y todavía le queda tiempo para escribir numerosos libros inmensamente populares. Tiene una maestría en Literatura Inglesa y tiene planes de seguir escribiendo mientras le queden fuerzas.

Sylvia es presidenta de Sylvia Browne Corporation; y es fundadora de su iglesia, la Sociedad de Novus Spiritus, ubicada en Campbell, California. Puede contactarla en: **www.sylvia.org,** o llamar al **(408) 379-7070** para información adicional acerca de su trabajo.

Esperamos que haya disfrutado este libro de Hay House. Si desea recibir un catálogo gratis con todos los libros y productos de Hay House, o si desea mayor información acerca de la Fundación Hay, por favor, contáctenos a:

Hay House, Inc.
P.O. Box 5100
Carlsbad, CA 92018-5100

**(760) 431-7695 ó (800) 654-5126**
**(760) 431-6948 (fax) ó (800) 650-5115 (fax)**
**www.hayhouse.com®**

Sintonice **HayHouseRadio.com®** y encontrará los mejores programas de radio sobre charlas espirituales con los autores más destacados de Hay House.
Si desea recibir nuestra revista electrónica, puede solicitarla por medio de la página de Internet de Hay House, de esta forma se mantiene informado acerca de las últimas novedades de sus autores favoritos.
Recibirá anuncios bimensuales acerca de: Descuentos y ofertas, eventos especiales, detalles de los productos, extractos gratis de los libros, concursos y ¡mucho más!
**www.hayhouse.com**